高等职业教育汽车整形技术专业规划教材

Qiche Cheshen Hanjie Jishu
汽车车身焊接技术
（第二版）

交通职业教育教学指导委员会　组织编写

李远军　李建明　主　编

人民交通出版社股份有限公司
China Communications Press Co., Ltd.

内 容 提 要

本书是高等职业教育规划教材,是在各高等职业院校积极践行和创新先进职业教育思想和理念,深入推进"校企合作、工学结合"模式的大背景下,由交通职业教育教学指导委员会组织编写而成。

本教材以汽车车身焊接工作过程为主线,内容主要包括焊接前的准备、前纵梁的焊接、后翼子板的对接焊、车厢地板的搭接焊、后翼子板的塞焊、车身钣金件的电阻点焊、轿车车顶外板的焊接、汽车水箱的焊接修复、铝板的焊接、车身钣金件的切割,共10个学习任务。

本书主要供高等职业院校汽车整形技术专业教学使用,也可作为车身钣金修复人员的岗位培训教材或自学用书。

图书在版编目(CIP)数据

汽车车身焊接技术 / 李远军,李建明主编. —2 版.
—北京:人民交通出版社股份有限公司,2014.9
高等职业教育汽车整形技术专业规划教材
ISBN 978-7-114-11595-0

Ⅰ.①汽… Ⅱ.①李…②李… Ⅲ.①汽车—车体—焊接—高等职业教育—教材 Ⅳ.①U463.820.6

中国版本图书馆 CIP 数据核字(2014)第 180412 号

高等职业教育汽车整形技术专业规划教材

书 名:	汽车车身焊接技术(第二版)
著 作 者:	李远军　李建明
责任编辑:	翁志新
出版发行:	人民交通出版社股份有限公司
地 址:	(100011)北京市朝阳区安定门外外馆斜街 3 号
网 址:	http://www.ccpcl.com.cn
销售电话:	(010)59757973
总 经 销:	人民交通出版社股份有限公司发行部
经 销:	各地新华书店
印 刷:	北京虎彩文化传播有限公司
开 本:	787×1092　1/16
印 张:	12.25
字 数:	280 千
版 次:	2009 年 9 月　第 1 版 2014 年 9 月　第 2 版
印 次:	2023 年 8 月　第 6 次印刷　总第 9 次印刷
书 号:	ISBN 978-7-114-11595-0
定 价:	28.00 元

(有印刷、装订质量问题的图书,由本公司负责调换)

交通职业教育教学指导委员会
汽车运用与维修专业指导委员会

主 任 委 员：魏庆曜

副主任委员：张尔利　汤定国　马伯夷

委　　　员：王凯明　王晋文　刘　锐　刘振楼

　　　　　　　刘越琪　许立新　吴宗保　张京伟

　　　　　　　李富仓　杨维和　陈文华　陈贞健

　　　　　　　周建平　周柄权　金朝勇　唐　好

　　　　　　　屠卫星　崔选盟　黄晓敏　彭运均

　　　　　　　舒　展　韩　梅　解福泉　詹红红

　　　　　　　裴志浩　魏俊强　魏荣庆

秘　　　书：秦兴顺

第二版 前言

　　当前,国家提出加快现代职业教育体系建设,深化职业教育教学改革,积极推进课程改革和教材建设。《汽车车身焊接技术》已出版多年,原教材中的一些内容已不能满足教学需要。为了体现职业教育的新特点、行业生产的新工艺和新标准,我们决定对教材进行修订,以保持教材的科学性、先进性和适用性。

　　本次修订,增加与修改内容如下:

　　(1) 更新了技术标准。将涉及 GB/T 5117—1995、GB/T 5118—1995、GB 10249—1988 的内容分别更新为 GB/T 5117—2012、GB/T 5118—2012、GB 10249—2010 的内容。

　　(2) 增加了几十张图片,增强了教材的可读性。

　　(3) 删除了一些旧工艺、旧设备方面的内容,增加了一些新工艺、新设备方面的内容。

　　(4) 对原教材中一些技术内容的表述方式进行了修改,使其更加严谨。

　　(5) 改正了原教材中的一些错误。

　　(6) 为了方便广大职业院校教师授课,补配了 PPT 课件。

　　参加本书编写工作的有:湖北交通职业技术学院的李远军(编写学习任务 2、10)、陈庭(编写学习任务 1、3 和 4)、南京交通职业技术学院陈勇(编写学习任务 6)、湖北交通职业技术学院的李建明(编写学习任务 5)、南京工业职业技术学院丁继斌(编写学习任务 9)、广物汽贸有限公司胡新宇高级技师(编写学习任务 7、8)。

编者
2014 年 5 月

第一版前言

为贯彻《国务院关于大力发展职业教育的决定》以及教育部制订的《国家教育事业发展"十一五"规划纲要》精神,深化职业教育教学改革,积极推进课程改革和教材建设,满足职业教育发展的新需求,交通职业教育教学指导委员会汽车运用与维修专业指导委员会组织全国交通职业技术院校的骨干教师及相关企业的专业人员,编写了本套高等职业教育规划教材,供高等职业院校汽车整形技术专业教学使用。

本系列教材在组织编写过程中,认真总结了全国交通职业院校多年来的专业教学经验,注意吸收发达国家先进的职教理念和方法,形成了以下特色:

1. 推行工学结合的人才培养模式。汽车整形技术专业建设,从市场调研、职业分析,到专业教学标准、课程标准开发,再到课程方案制订、教材编写的全过程,都是交通职业院校的教师与相关企业的专业人员一起合作完成的,真正实现了学校和企业的紧密结合。本专业的课程也体现了工学结合的本质特征——"学习的内容是工作,通过工作实现学习"。本专业的核心课程有:《车身结构及附属设备》、《汽车车身测量与校正》、《汽车车身修复技术》、《汽车车身焊接技术》、《油漆调色技术》、《汽车涂装技术》、《汽车涂装复杂表面处理技术》。

2. 体现任务驱动的课程教学理念。以职业岗位的典型工作任务为驱动,确定理论与实践一体化的学习任务,按照工作过程组织学习过程。每个学习任务既有知识学习,又有技能操作,是工作要求、工作对象、工具、方法与劳动组织方式的有机整体。

3. 倡导行动导向的引导式教学方法。本系列教材注重对学习目标和引导问题的设计,以学生为主体,强化学生的地位,给学生留下充分思考、实践与合作交流的时间和空间,让学生亲身经历观察→操作→交流→反思的活动过程。

4. 提供紧密结合职业岗位的技术内容。教材内容力求符合最新的国家及行业相关技术岗位标准以及技能鉴定的要求,为学生考取双证提供帮助。

5. 采用全新的结构编排模式。本系列教材打破了传统教材的章节体例,以典型学习任务为一个相对完整的学习过程,每个学习任务的内容既相互独立又有内在的联系。在每个学习任务开篇处,都以解决职业问题、完成岗位任务为导引,设定"学习目标"、"任务描述"和"学习引导"三个栏目,围绕工作任务聚焦知识和技能;正文则由"相关知识"、"任务实施"和"评价反馈"三部分内容组成,实现了理论实践一体化。

《汽车车身焊接技术》是本系列教材中的一本。与传统同类教材相比,本书图文并茂,教学内容弹性化,教学要求层次化,教材结构模块化,有利于灵活选择、因材施教。

参加本书编写工作的有：湖北交通职业技术学院的李远军（编写学习任务6、学习任务9和学习任务10）、陈庭（编写学习任务1、学习任务3和学习任务4）、常同珍（与陈庭合编学习任务2），广物东莞正通达汽车服务有限公司的胡新宇（编写学习任务5、学习任务7和学习任务8）。龙华汽车集团宁波培训部俞红参为编写学习任务10提供部分资料。全书由湖北交通职业技术学院的李远军担任主编，南京交通职业技术学院的汤其国担任主审。

限于编者经历和水平，教材内容难以覆盖全国各地的实际情况，希望各教学单位在积极选用和推广本系列教材的同时，注重总结经验，及时提出修改意见和建议，以便再版修订时补充完善。

交通职业教育教学指导委员会
汽车运用与维修专业指导委员会
2009 年 6 月

目 录

学习任务1 焊接前的准备 ··· 1
    学习目标 ·· 1
    任务描述 ·· 1
    学习引导 ·· 1
    一、相关知识 ··· 2
    二、任务实施 ··· 18
    三、评价反馈 ··· 26

学习任务2 前纵梁的焊接 ··· 29
    学习目标 ·· 29
    任务描述 ·· 29
    学习引导 ·· 29
    一、相关知识 ··· 30
    二、任务实施 ··· 51
    三、评价反馈 ··· 54

学习任务3 后翼子板的对接焊 ·· 56
    学习目标 ·· 56
    任务描述 ·· 56
    学习引导 ·· 56
    一、相关知识 ··· 57
    二、任务实施 ··· 71
    三、评价反馈 ··· 76

学习任务4 车厢地板的搭接焊 ·· 78
    学习目标 ·· 78
    任务描述 ·· 78
    学习引导 ·· 78
    一、相关知识 ··· 79
    二、任务实施 ··· 82
    三、评价反馈 ··· 87

学习任务5 后翼子板的塞焊 ··· 89
    学习目标 ·· 89
    任务描述 ·· 89
    学习引导 ·· 89
    一、相关知识 ··· 90
    二、任务实施 ··· 91
    三、评价反馈 ··· 95

学习任务6 车身钣金件的电阻点焊 ··· 97

目　录

　　学习目标 ··· 97
　　任务描述 ··· 97
　　学习引导 ··· 97
　　一、相关知识 ·· 98
　　二、任务实施 ·· 105
　　三、评价反馈 ·· 116
学习任务 7　轿车车顶外板的焊接 ·· 118
　　学习目标 ··· 118
　　任务描述 ··· 118
　　学习引导 ··· 118
　　一、相关知识 ·· 119
　　二、任务实施 ·· 134
　　三、评价反馈 ·· 137
学习任务 8　汽车水箱的焊接修复 ·· 139
　　学习目标 ··· 139
　　任务描述 ··· 139
　　学习引导 ··· 139
　　一、相关知识 ·· 140
　　二、任务实施 ·· 143
　　三、评价反馈 ·· 149
学习任务 9　铝板的焊接 ·· 151
　　学习目标 ··· 151
　　任务描述 ··· 151
　　学习引导 ··· 151
　　一、相关知识 ·· 152
　　二、任务实施 ·· 158
　　三、评价反馈 ·· 167
学习任务 10　车身钣金件的切割 ··· 169
　　学习目标 ··· 169
　　任务描述 ··· 169
　　学习引导 ··· 169
　　一、相关知识 ·· 170
　　二、任务实施 ·· 178
　　三、评价反馈 ·· 186
参考文献 ··· 188

学习任务 1　焊接前的准备

学习目标

1. 熟悉焊接施工中的焊缝符号、表达方法及焊缝的接头与坡口形式；
2. 知道焊接安全操作规程与防护用品的作用及正确使用方法；
3. 分析车身焊接常用方式的使用特点、施焊方法与注意事项，以及焊接应力与变形的处理方法；
4. 根据常用焊缝符号的标注方法，规范完成焊缝形式、焊缝尺寸、焊接方式等的标注作业；
5. 正确完成焊接前的准备工作，明确焊接操作规范。

任务描述

以一般焊接作业为例，通过完成该任务，知道焊前的准备工作内容，完成安全操作和个人防护作业，选用焊接设备和焊料，选择焊接工艺参数，完成车辆焊前准备工作，对常见的焊接应力和变形进行处理。

学习引导

本学习任务沿着以下脉络进行学习：

一、相关知识

1. 焊接类型

常用的汽车车身焊接类型主要有压接焊、熔接焊、钎焊等。

（1）压接焊。是利用电极加热使钢板处于软化状态,再施以压力使钢板接合到一起的方法。电阻焊接是压接焊的一种,常用于汽车的制造和维修作业。

（2）熔接焊。是对要焊接的部位钢板进行加热直到它们熔融到一起,无需施加压力。常用的有电弧焊接和气体焊接。

（3）钎焊。是利用熔点较母材低的其他金属材料熔解后填充于需连接部位而达到接合效果的方法。钎焊又分为软钎焊和硬钎焊。软钎焊是指钎料熔解温度低于450℃的钎焊;硬钎焊是指焊料的熔解温度高于或等于450℃的钎焊。

每一种焊接类型又可分为多种焊接方式,其中只有一部分用于车身维修作业,见图1-1。

☐ 中焊接法表示广泛地使用于车身维修作业中

图1-1 各种焊接类型

2. 焊接的特性

焊接广泛地应用于工业中,在汽车车身的维修中更是不可缺少。焊接的主要特性如下:

(1)焊接外形不受限制,并具有强韧和稳固的接合能力。
(2)减小质量。
(3)密封性良好。
(4)改善工作效率。
(5)焊接点的强度大小与操作者的技术水平有关。
(6)如果焊接温度过高,周围钢板会变形。

3. 车身维修焊接方法

根据车身零件位置的不同,对零件有不同的强度和耐久度的要求。在汽车制造厂的车身组装中,会根据其使用目的、零件形状和板件厚度选择最合适的焊接方法。图1-2所示为汽车制造过程中常采用的几种焊接方法。

图1-2 汽车制造过程中常采用的几种焊接方法

车身维修焊接方法有多种,应根据车身部件的使用要求和汽车制造厂对维修作业的要求,选择合适的焊接方法。车身维修焊接作业中常用的焊接方法有:

(1)焊条电弧焊接法。是熔接焊的一种,是以焊条和焊件作为电源的两个电极,通过低电压大电流,在焊条和焊件之间形成电弧,利用电弧产生的高温将焊条和焊缝处金属熔化并熔合为一体的焊接方法。

焊条电弧焊设备简单,价格低廉,操作灵活方便,适应性强,但生产效率低,焊接质量不够稳定,对焊工操作技术要求较高。焊条电弧焊多用于2mm以上各种常用金属的各种焊接位置。

(2)氧—乙炔焊接法。是熔焊的一种,利用可燃气体(乙炔气)和助燃气体(氧气),在焊炬的混合室内混合、喷出并点燃后,通过发生剧烈的氧化燃烧(最高温度可达3500℃)来熔化焊件金属和焊丝并使之熔合的一种焊接方法。

由于氧—乙炔焊的热量不易集中,并且焊接过程加热面积较大以及金属热传导的作用,不仅会使构件发生较大的变形,而且还会改变原有金属材料的性质,使机械性能劣化而影响焊接件的寿命。因此氧—乙炔焊不宜焊接修理汽车车身。但氧—乙炔在车身修理中也有其他的应用,如进行热收缩和表面清洁等。

(3)惰性气体保护焊(MIG)。使用的是盘式焊丝,焊丝以一定的速度自动进给,在接触板件后出现电弧,电弧产生的热量使焊丝和板件熔合连接在一起。在焊接过程中,惰性气体对焊接部位进行保护,以免熔融的焊缝受到空气的氧化。惰性气体的种类由需要焊接的板件材质决定。钢材都用二氧化碳或二氧化碳与氩气的混合气体作为保护气体;而对于铝材,则根据铝合金的种类和材料的厚度,分别采用氩气或氩、氮混合气体进行保护;如果在氩气中加入4%~5%的氧气作为保护气,就可以焊接不锈钢。

惰性气体保护焊(MIG)采用完全的惰性气体(例如氩气或氮气)作为保护气体。二氧化碳不完全是惰性气体,准确地说,二氧化碳保护焊应该称为活性气体保护焊(MAG)。在焊接有些金属时(如铝和不锈钢),如果用二氧化碳作为保护气体,会有增碳现象发生。车身修理中都采用二氧化碳或二氧化碳与氩气的混合气体作为保护气体。

现代车身板件已大量采用高强度钢、超高强度钢、铝及铝合金,惰性气体保护焊电弧平稳,熔池小,焊接热量较小,对高强度钢板影响较小,在焊接整体式车身上的高强度钢板方面比其他常规焊接方法更适合。

(4)电阻点焊。是压接焊的一种,利用低电压、高强度的电流流过夹紧在一起的两块金属板时产生的大量电阻热,用焊枪电极的挤压力把它们熔合在一起。

车身修理中所用的电阻点焊机通常是指需要在金属板的两边同时进行焊接的设备(双面点焊设备),而不是指从同一边将两块金属板焊接起来的点焊机(单面点焊设备)。双面点焊用于结构性部件的点焊,而单面点焊的强度比较低,一般只能用于外部装饰性面板的焊接。

电阻点焊过程中产生的热量少,对板件的影响小,可以进行快速、高质量的焊接,对操作者操作技巧要求也比较低。电阻点焊适用于汽车车身上要求焊接强度好、不变形的薄型零件。

(5)钎焊。只能用在车身密封结构处,在焊接过程中只熔化有色金属(铜、锌等),而不熔化金属板件(有色金属的熔点低于金属板)。钎焊过程中,两块板件在较低温度下接合到一起,所以板件产生的变形和应力较小。由于板件不熔化,能够把焊接时不相熔的两种金属接合到一起。

钎焊类似于将两个物体粘在一起,焊接处的强度小于板件强度。在车身维修时只能对制造厂要求使用钎焊的部位进行钎焊,其他地方不可使用钎焊。

4. 车身焊接注意事项

(1)基本事项。车身维修中,必须采用合适的焊接方法才能维持原有车身上的强度和耐久度。为了达到此要求,我们可遵循以下基本事项:

①焊接方法优先选择点焊、CO_2气体保护焊或惰性气体保护焊(MIG)。

②除了汽车制造厂指定要求使用钎焊的部位外,其他部位不推荐使用钎焊。

③尽量避免使用氧—乙炔焊接。

(2)加热对钢材性能的影响。在进行车身焊接和热收缩作业时会产生大量的热量,这些热量对车身钢板进行加热,随着温度的升高,钢板内部的金属晶粒会发生改变,从而影响钢板本身的性能。

①加热对低碳钢性能的影响。对低碳钢进行加热时,随着钢板温度的增高,其强度和刚度随着下降,停止加热,温度下降到常温后,它的强度又恢复到原来的程度。所以对于低碳钢钢板的修理,加热操作后不会降低钢板原有的强度。用常规的氧—乙炔和焊条电弧焊进行焊接,或对低碳钢钢板进行短时间的加热方式的修理都是允许的。

②加热对高强度钢性能的影响。对高强度钢进行加热时,随着温度的升高,高强度钢内部的金属晶粒会发生改变,由原来比较小的晶粒互相融合、吸收而变成大晶粒,金属晶粒之间的作用力会随着晶粒的变大而减小,表现出来就是钢板的强度会降低。当加热后的高强度钢恢复到常温时,它内部的晶粒不能自己恢复到原来小晶粒的状态,所以高强度钢经过过度加热再冷却后,强度会下降。

③加热对车辆产生的影响。修理车身时,应尽量避免加热(尤其是车架、梁),加热除改变钢板的强度外,还会损坏镀锌层,引起钢板锈蚀,降低钢板的防锈能力。形成氧化膜后钢板厚度降低,这些又会进一步降低钢板的强度。过度加热有时还可能使车辆燃烧起来。

被加热过的高强度钢板表面外观及结构形状没有大的变化,这就容易引起修理人员的误会,认为加热并没有损坏板件,其实板件的内部结构被改变了,这种变化对车身的危害是巨大的,车身的承重板件由于强度下降,一段时间后会产生变形,相关的机械部件如发动机、悬架、转向系统的安装点会变化,导致振动增加、跑偏、轮胎偏磨等问题。特别是在发生事故时,这些板件无法起到设计中的作用(如吸收碰撞能量)从而发生更大的变形,导致更大的损伤。

④钢材颜色与温度的关系。对钢材加热时,其颜色会随着温度上升而发生变化。从表1-1可以看出,当钢加热到600℃时,才可以用肉眼观察到颜色的变化,而这时已经超过绝大多数高强度钢板的耐热温度,超高强度钢允许的加热温度很低,一般不超过200℃。由于不能用常规方法控制加热的温度范围,所以制造厂一般不允许用产生热量过多的方式修理车辆。

钢材的温度与颜色　　　　表1-1

温度(℃)	600	700	800	900	1000	1100	1200	1300
颜色	暗红	红色	淡红	橘红	黄色	淡黄	白色	亮白

5. 焊缝的符号及表达

焊缝符号是用在焊接结构的图样上,标注焊缝形式、焊缝尺寸、焊接方式等的工程语言,又是进行焊接施工的主要依据。所以,对于焊接技术人员,必须熟悉常用焊缝符号的标注方法及含义。

按照GB/T 324—2008《焊缝符号表示法》规定,完整的焊缝符号包括基本符号、指引线、补充符号、尺寸符号及数据等。为了简化,在图样上标注焊缝时,通常只采用基本符号和指引线,其他内容一般在有关的文件中明确。

在技术图样和文件上需要表示焊缝或接头时,推荐采用焊接符号。必要时,也可采用一般的技术制图方法表示。

(1)基本符号。表示焊缝横截面的基本形式或特征,见表1-2。

基 本 符 号　　　　　　　　　表1-2

名 称	示 意 图	符 号
卷边焊缝(卷边完全熔化)		八
I形焊缝		‖
V形焊缝		V
单边V形焊缝		V
带钝边V形焊缝		Y
带钝边单边V形焊缝		Y
带钝边U形焊缝		Y
带钝边J形焊缝		Y
封底焊缝		◡

续上表

名　称	示　意　图	符　号
角焊缝		
塞焊缝或槽焊缝		
点焊缝		
缝焊缝		
陡边V形焊缝		
陡边单V形焊缝		

续上表

名 称	示 意 图	符 号
端焊缝		|||
堆焊缝		⌒⌒
平面连接(钎焊)		=
斜面连接(钎焊)		//
折叠连接(钎焊)		⊋

标注双面焊焊缝或接头时,基本符号可以组合使用,见表1-3。

基本符号的组合   表1-3

名 称	示 意 图	符 号
双面V形焊缝(X焊缝)		X

续上表

名 称	示 意 图	符 号
双面单 V 形焊缝（K 焊缝）		K
带钝边的双面 V 形焊缝		X
带钝边的双面单 V 形焊缝		K
双面 U 形焊缝		Ж

（2）补充符号。用来说明有关焊缝或接头的某些特征，诸如表面形状、衬垫、焊缝分布、施焊地点等，见表 1-4。

补 充 符 号 表 1-4

名 称	符 号	说 明
平面	———	焊缝表面通常经过加工后平整
凹面	⌣	焊缝表面凹陷
凸面	⌢	焊缝表面凸起
圆滑过渡	⌣⌣	焊趾外过渡圆滑
永久衬垫	M	衬垫永久保留
临时衬垫	MR	衬垫在焊接完成后拆除
三面焊缝	⊐	三面带有焊缝

续上表

名　称	符　号	说　明
周围焊缝	○	沿着焊缝周边施焊的焊缝
现场焊缝	▶	在现场焊接的焊缝
尾部	<	可以表示所需的信息

焊缝补充符号应用示例见表1-5。

焊缝补充符号应用示例　　　　表1-5

名　称	示　意　图	符　号
平齐的V形焊缝		▽
凸起的双面V形焊缝		✕
凹陷的角焊缝		⌓
平齐的V形焊缝和封底焊缝		▽

(3) 基本符号与指引线的位置。

① 指引线。由箭头线和基准线(实线和虚线)组成，见图1-3。

图1-3 指引线

②箭头线。箭头直接指向的接头侧为"接头的箭头侧",与之相对应则为"接头的非箭头侧",见图1-4。

图1-4 接头的"箭头侧"和"非箭头侧"

③基准线。一般与图样的底边平行,必要时也可与底边垂直。实线和虚线的位置必要时可以互换。

④基本符号与基准线的相对位置。基本符号在实线侧时,表示焊缝在箭头侧,见图1-5a);基本符号在虚线侧时,表示焊缝在非箭头侧,见图1-5b);对称焊缝允许省略虚线,见图1-5c);在明确焊缝分布位置时,有些双面焊缝也可省略虚线,见图1-5d)。

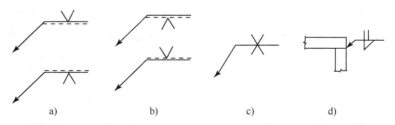

图1-5 基本符号与基准线的相对位置
a)焊缝在接头的箭头侧 b)焊缝在接头的非箭头侧 c)对称焊缝 d)双面焊缝

(4)尺寸及标注。

①尺寸符号及含义。焊缝尺寸符号是表示坡口和焊缝各特征尺寸的符号。焊缝符号中标注尺寸见表1-6。

尺 寸 符 号　　　　　　　表1-6

符号	名称	示意图	符号	名称	示意图
δ	工件厚度		c	焊缝宽度	
α	坡口角度		K	焊脚尺寸	
β	坡口面角度		d	点焊:熔核直径;塞焊:孔径	
b	根部间隙		n	焊缝段数	
p	钝边		l	焊缝长度	
R	根部半径		e	焊缝间距	

续上表

符号	名称	示意图	符号	名称	示意图
H	坡口深度		N	相同焊缝数量	$N=3$
S	熔深		h	余高	

②尺寸标注方法。焊缝尺寸符号的标注原则:

a. 焊缝横截面上的尺寸标注在基本焊缝的左侧。

b. 焊缝长度方向尺寸标注在基本符号的右侧。

c. 坡口角度、坡口面角度、根部间隙等尺寸标注在基本符号的上侧或下侧。

d. 相同焊缝数量符号标注在尾部。

e. 当需要标注的尺寸数据较多而又不易分辨时,可在数据前面增加相应尺寸符号。

焊缝尺寸标注示例见表1-7。

焊缝尺寸标注示例　　　　　　　　　　　　　　表1-7

名称	示意图	尺寸符号	标注方法
对接焊缝		S:熔深	S
连续角焊缝		K:焊脚尺寸	K
断续角焊缝		l:焊缝长度 e:间距 n:焊缝段数 K:焊脚尺寸	K　$n\times l(e)$

续上表

名　称	示　意　图	尺寸符号	标注方法
塞焊缝		e：间距 n：焊缝段数 d：孔径	$d\ \square\ n\times(e)$
点焊缝		n：焊点数量 e：焊点距 d：熔核直径	$d\ \bigcirc\ n\times(e)$

（5）焊接方法代号。在焊接结构的图样上，为了简化焊接方法的标注说明，GB/T 5185—2005《焊接及相关工艺方法代号》规定，可用阿拉伯数字表示金属焊接及钎焊等各种焊接方法。常用的焊接方法代号见表1-8。

常用的焊接方法代号　　　　　　　　　表1-8

焊接方法名称	焊接方法代号	焊接方法名称	焊接方法代号
电弧焊	1	点焊	21
焊条电弧焊	111	气焊	3
熔化极气体保护焊	13	氧—乙炔焊	311
MIG焊	131	钎焊	9
MAG焊	135	硬钎焊	91
电阻焊	2	其他焊接方法	7

（6）焊缝标注实例。在设计焊接结构标注焊缝时，按GB/T 324—2008规定，可以表达以下内容：

①坡口形式尺寸及组装焊接要求。
②采用的焊接方法。
③焊缝的质量要求。
④无损探伤要求。
⑤其他需要标注的技术要求。

焊缝符号表示方法实例见图1-6。

焊缝坡口采用带钝边的V形坡口；坡口根部间隙为2mm，钝边高为3mm，坡口角度为60°；采用焊条电弧焊焊接；反面采用封底焊（焊缝背面清根后再封底），要求反面焊缝表面打磨平整；焊缝内部质量要求达到GB/T 3323—2005，射线Ⅱ级合格。

图1-6　焊缝符号表示方法实例

6. 焊缝空间位置

按焊缝的空间位置不同可分为：

(1)平焊：水平面的焊接。如图1-7a)所示。

(2)立焊：垂直平面，垂直方向上的焊接。如图1-7b)所示。

(3)横焊：垂直平面，水平方向上的焊接。如图1-7c)所示。

(4)仰焊：倒悬平面，水平方向上的焊接。如图1-7d)所示。

图1-7 焊缝空间位置
a)平焊；b)立焊；c)横焊；d)仰焊

7. 焊缝的接头形式与坡口形式

焊接接头的基本形式有对接、搭接、角接和T形接四种。

坡口的作用是为使厚度较大的焊件能够焊透，常将金属材料边缘加工成一定形状的坡口，坡口能起到调节母材金属与填充金属比例，即调整焊缝成分的作用。

对接接头是应用最多的接头形式。当被焊工件较薄(板厚小于6mm)时，在焊接接头处只要留有一定间隙就能保证焊透。当焊件厚度大于6mm时，为了保证能焊透，需要在接头处开一定形状的坡口。对接接头常见的坡口形式有：

(1)I形坡口(或称平接)。用于板厚为1~6mm焊件的焊接，为了保证焊件焊透，接头处要留有0~2.5mm的间隙。

(2)V形坡口。用于板厚为6~30mm焊件的焊接，该坡口加工方便。

(3)X形坡口。用于板厚为12~40mm焊件的焊接，由于焊缝两面对称，焊接应力和变形小。

(4)U形坡口。用于板厚为20~50mm焊件的焊接，容易焊透，工件变形小。

焊接接头的基本形式与尺寸见表1-9。

焊接接头的基本形式与尺寸　　表1-9

接头形式	坡口形式与尺寸
对接接头	

续上表

8. 运条方法

(1) 直线形运条法(图1-8a)。采用这种运条方法焊接时，焊条不做横向摆动，沿焊接方向做直线移动。常用于Ⅰ形坡口的对接平焊、多层焊的第一层焊。

(2) 直线往复运条法(图1-8b)。采用这种运条方法焊接时，焊条末端沿焊缝的纵向做来回摆动。它的特点是焊接速度快，焊缝窄，散热快。适用于薄板和接头间隙较大的多层焊的第一层焊。

(3) 锯齿形运条法(图1-8c)。采用这种运条方法焊接时，焊条末端做锯齿形连续摆动及向前移动，并在两边稍停片刻，摆动的目的是为了控制熔化金属的流动和得到必要的焊缝宽度，以获得较好的焊缝成形。这种运条方法在生产中应用较广，多用于厚钢板的焊接。

(4) 月牙形运条法(图1-8d)。采用这种运条方法焊接时，焊条的末端沿着焊接方向做月牙形的左右摆动。摆动的速度要根据焊缝的位置、接头形式、焊缝宽度和焊接电流值来决定。同时需在接头两边做片刻的停留，这是为了使焊缝边缘有足够的熔深，防止咬边。这种运条方法的优点是金属熔化良好，有较长的保温时间，气体容易析出，熔渣也易于浮到焊缝表面上来，焊缝质量较高，但焊出来的焊缝余高较高。这种运条方法的应用范围和锯齿形运条法基本相同。

(5) 三角形运条法。采用这种运条方法焊接时，焊条末端做连续的三角形运动，并不断向前移动，按照摆动形式的不同，可分为斜三角形(图1-8f)和正三角形(图1-8e)两种，斜三角形运条法适用于平焊和仰焊位置的T形接头焊缝和有坡口的横焊缝，其优点是能够借焊条的摆动来控制熔化金属，促使焊缝成形良好。正三角形运条法只适用于开坡口的对接接头和T形接头焊缝的立焊,特点是能一次焊出较厚的焊缝断面,焊缝不易产生夹渣等缺陷,有利于提高生产效率。

(6)圆圈形运条法(图1-8g)。采用这种运条方法焊接时,焊条末端连续做正圆圈或斜圆圈形运动,并不断前移,正圆圈形运条法适用于焊接较厚焊件的平焊缝,其优点是熔池存在时间长,熔池金属温度高,有利于溶解在熔池中的氧、氮等气体的析出,便于熔渣上浮。斜圆圈形运条法适用于平、仰位置T形接头焊缝和对接接头的横焊缝,其优点是利于控制熔化金属不受重力影响而产生下淌现象,有利于焊缝成形。

图1-8 运条方法
a)直线形;b)直线往复;c)锯齿形;d)月牙形;e)正三角形;f)斜三角形;g)圆圈形

二、任务实施

1. 施工程序

在任务实施过程中,首先要正确掌握焊接准备的施工程序,如图1-9所示。

图1-9 焊接准备施工程序

2. 安全操作规程

(1)车间环境安全。车身修理过程中必须做好生产场所的安全保护工作,保证生产环境的安全、劳动对象的安全和操作者的安全,营造良好的生产环境。

车身维修生产场所会产生很多有毒有害的气体和灰尘,例如使用具有强烈挥发成分的涂料、溶剂和进行焊接操作时产生的有毒有害烟气等,对人体具有极大的损害。因此,操作人员要做好劳动防护工作,尤其是呼吸系统的保护。另外,由于溶剂具有易燃性,同时也要做好防火工作。对于以上的生产操作,最好在通风良好的环境下进行,生产车间要具有良好的通风换气设施,对溶剂的挥发成分还要做好过滤工作,然后才能排放到大气中去。

(2)工具设备的安全使用。车身修理人员必须具有强烈的安全操作意识,特别是使用工具设备时更应如此。

①手动工具必须保持干净整洁和状态完好,任何断裂、毛刺和削口等都有可能造成操作者受伤或引起被修车辆及其他工具设备不必要的损伤,油污可能会造成手动工具脱落而引发危险。

②专用工具除用于专门场合外,不得用于其他任何操作,对于量具等精密器械更应妥善保管。

③使用电动工具时要确保接地可靠;检查绝缘状况;在接通电源之前确保开关处于关闭状态,用毕应切断电源;使用手持电动工具时不要站在潮湿的地面上。

④进行动力打磨、修整和钻削等工作时,必须戴护目镜,使用高速电钻时不得戴手套,打磨小件时不得用手持握工件。

⑤使用液压千斤顶和其他液压工具时,要保证使用的安全性,做好防护工作。在举升器等设备下工作时要确保安全锁的工作正常。

⑥要注意防火,设备使用完毕要安放在特定的场地,关闭电源和气源。

⑦在车上进行电气等设备操作时要注意电气管路不要被车身上的锐利断口切断,避免造成危险。

⑧在进行任何操作时,不要把冲子或其他尖锐的手动工具放到口袋里,以免刺伤自己或损坏车辆。

⑨将所有的零件和工具整齐、正确地存放在指定位置,保证其他工作人员不会被绊倒,同时还能缩短寻找零件或工具的时间。

⑩在用动力设备对小零件进行操作时,不要一手持零件,一手持工具操作,否则零件容易滑脱,造成手部严重伤害。在进行研磨、钻孔、打磨时,一定要使用夹紧钳或台钳来固定小零件。

⑪焊接用的气瓶要固定牢靠,防止倾倒产生危险。使用完毕后应关上气瓶顶部的主气阀,避免气体泄漏流失或爆炸。

⑫不要用压缩空气来清洁衣物。压缩空气不能直接对着皮肤吹,即使是在较低的压力下,压缩空气也能使灰尘粒子嵌入皮肤,可能会造成皮肤发炎。

⑬焊机的电缆线外皮必须完整、柔软并绝缘良好。焊机电缆线应使用整根电缆线,中间不应有连接接头。当电缆线需要接长时,应使用接头连接器连接,连接处应保持绝缘良好,而且接头不宜超过两个。

⑭焊机应按额定负载持续率和额定电流使用,严禁超载运行,避免绝缘烧损。

⑮焊机必须装有独立的专用电源开关,其容量应符合要求。禁止多台焊机共用一个电源开关。

(3)车辆安全。车辆在进入修理场地后要做好以下防护措施:

①必须做好驻车制动,关闭发动机,将挡位置于空挡。

②车辆举升操作时要做好车辆的支撑工作,并保证支撑安全。

③将车辆的蓄电池拆下,保证车辆用电设备的安全。点火开关处于关闭状态。

④车辆关闭后,待炽热部件(排气管、消声器等)冷却后方可进行有关操作。车辆如有汽油、机油泄漏等,必须采取措施,防止火灾。

⑤禁止焊接车辆的燃油箱,也不要在燃油箱附近进行高热的操作。

(4)消防安全。生产车间的消防安全至关重要,除要做好各项防火措施外,常备灭火器是防火的重要措施,当火灾发生时能够进行及时处理。在车间修理操作时,应注意以下消防安全事项:

①车身修理车间禁止吸烟。车间内大量易燃物可能引发火灾。

②在车间内不要随身携带火柴或打火机。

③易燃材料应远离热源。不要在调漆间附近使用割炬或焊接设备。车身隔音材料易燃,在对车身板件进行焊接或用割炬、等离子弧切割时必须先将隔音材料拆下。

④进行焊接或切割时,高热量的火星能够运动很长一段距离。不要在油漆、稀释剂或其他可燃液体或材料周围进行焊接或切割;不要在蓄电池周围进行焊接或研磨。

⑤燃油箱应当排空后拆下。当在燃油箱加油管周围进行作业时,还应将其拧紧并盖上湿抹布。

⑥在车辆内饰旁边进行焊接或切割时,应拆下座位或地板垫,也可用一块浸水的布或焊接毯盖上,最好在旁边备一桶水或一个灭火器。

⑦车间一般都要配备水龙头、灭火器、防火沙等灭火材料。

⑧多用途的干粉灭火器可扑灭易燃物、易燃液体和电气火灾。必须在紧急情况发生之前掌握灭火器的使用方法。

⑨在发生火灾时,不要打开门窗,防止空气流动火势加大。

⑩灭火器应该定期检查、定期重新加注灭火剂。灭火器要摆放在车间的固定位置,并要有明显的标志。

(5)电气安全。车身修理人员在使用电气工具时应遵循如下安全操作规范:

①修理电动设备和电动工具前应先断开电源,否则会有电击危险,严重的可能造成死亡。

②保持地面无水,水能导电,如果带电导线落入站有人的水坑中会带来电击的危险。在使用电动工具时必须保持地面干燥。

③应确保电动工具和设备的电源线正确接地。如果电源线中的接地插头断裂,则应更换插头后再使用工具。定期检查电线的绝缘层有无裂纹或裸露出导线,及时更换有破损的电线。

3. 个人防护

(1)呼吸系统的防护。在对镀锌钢板进行焊接时产生的焊接烟尘、进行打磨抛光时产生的微尘、清洗部件时挥发的溶剂以及喷射防腐剂时挥发的液滴,都会被吸入呼吸系统,对人体产生暂时的甚至永久的伤害。在进行这些操作时都应该戴呼吸器。

①滤筒式呼吸器。滤筒式呼吸器通常有一个橡胶面罩,能够贴合脸部轮廓,保证气密性。有可换的预滤器和滤筒,能够清除空气中的溶剂和其他蒸气。有进气阀和出气阀,保证所有吸入的空气都通过过滤器(图1-10)。

②焊接用呼吸器。焊接用呼吸器上有一个特殊的滤筒(图1-11),来吸收焊接灰尘。在对镀锌板材进行焊接时,产生的焊接烟尘和锌蒸气会对人体产生非常大的伤害。

③防尘呼吸器。防尘呼吸器一般是用多层滤纸制作的廉价纸质过滤器,它能够阻挡空气中的微粒、粉尘进入人的鼻腔、咽喉、呼吸道和肺部。在进行打磨、研磨或用吹风机吹净板件操作时,应戴防尘呼吸器(图1-12)。

图1-10 滤筒式呼吸器

图1-11 焊接用呼吸器

图1-12 防尘呼吸器

呼吸器的密封非常重要,它能防止污染的空气通过滤清器进入肺部。因此,使用呼吸器前要检查有无空气泄漏。当使用呼吸器时,呼吸困难或到达更换周期时应更换滤清器。定期检查面罩,确保没有裂纹或变形。呼吸器应保存在气密容器内或塑料自封袋中,保持清洁。

(2)头部的防护。在进行修理操作时要戴上安全帽,防止灰尘或油污的污染,保持头发的清洁。在车下作业时要戴硬质安全帽,防止碰伤头部。头发不要过长,工作时要把头发放入安全帽内。

(3)眼睛和面部的防护。在进行钻孔、磨削和切削等操作时,应戴护目镜(图1-13)。在进行可能会造成严重面部伤害的操作时,仅戴护目镜无法提供足够的保护,应戴全尺寸防护面罩(图1-14)。

在进行保护焊、等离子切割等操作时,应戴有深色镜片的头盔(图1-15)或护目镜。头盔能保护面部免受高温、紫外线或熔化金属的灼伤,变色镜片保护眼睛免受过亮光线或电弧紫外线的伤害。

图1-13 护目镜

图1-14 防护面罩

图1-15 焊接头盔

(4)耳朵的防护。在高分贝环境中工作时,应戴耳塞(图1-16)或耳罩(图1-17)等耳朵保护装置。在进行焊接时,耳塞或耳罩还可以避免熔化金属进入内耳。

图1-16 耳塞

图1-17 耳罩

(5)身体的防护。应穿着合体的工作服,不能穿着宽松的衣服。衣物应远离发动机等运动部件,宽松、下垂的衣物可能被绞入运动部件,造成严重的身体伤害。在工作前应摘除佩戴的饰物。

在焊接时,裤长要能盖住鞋头,防止炽热的火花或熔化的金属进入鞋子。下身通常可穿上皮质的裤子、绑腿、护脚来防止熔化的金属烧穿衣物,上身的保护包括焊工夹克或护裙(图1-18)。

如果化学物品(除油淬剂、油漆清除剂等)溅到衣物上,应立即脱掉衣物。这些化学物品一旦接触皮肤,可能会造成疼痛、发炎或者严重的化学烧伤。

(6)手的防护。在焊接时应戴上皮质的手套(图1-19),防止被熔化的金属烧伤。

图1-18　焊接护裙　　　　　　　图1-19　焊接手套

为防止溶液对手的伤害,应戴上手套,在除油作业中可使用不透水手套,如耐油手套(图1-20)。手套的选择可参考手套材料安全数据表,防溶剂手套(图1-21)应在操作腐蚀性较强的溶剂时使用。在离开工作场地时要彻底洗手,以防止吸收任何有害成分。

图1-20　耐油手套　　　　　　　图1-21　防溶剂手套

洗手时,建议使用适当的清洁剂。每天工作结束时,要使用一种不含硅的护肤膏滋润皮肤,千万不要把稀释剂(如天那水)当清洁剂来用。

(7)腿与脚的防护。在车间工作时,最好穿鞋头有金属片、防滑的安全鞋(图1-22)。钢片可以保护脚趾不会被重物砸伤,优质的工作鞋穿着舒适并能够在站立和行走中支撑足弓。

焊接时,最好穿绝缘鞋,防止触电事故的发生。在腿部和脚部最好有保护(图1-23)。焊接时,有可能会跪在地上操作,时间长了会引起膝盖损伤,最好穿上护膝(图1-23)。

图1-22　安全鞋　　　　　　　　图1-23　腿的防护

4. 焊接设备和焊料的选用

(1)焊接设备的选用。焊接设备选用时所考虑的因素是多方面的,焊接的类型、生产条

件千差万别,焊接设备的选用程序也会有所不同,总的来说,可按下列程序进行:

①按焊接工程技术方案中规定的焊接方法和焊接工艺,选定焊接设备的种类。

②按被焊材料的种类、规格和焊件的外形,选定焊机的品种和额定功率。

③按生产现场的施工条件、供电状况,选定焊接设备的型号和负载持续率。

④按照对焊件的质量要求,以及生产计划所规定的生产效率,确定对所选焊接设备的技术特征参数。

(2)焊料的选用。焊料的选用要根据被焊钢材种类、焊接部件的质量要求、焊接施工条件(板厚、坡口形状、焊接位置、焊接操作等)、成本等综合考虑。

①根据被焊结构的钢种选择。对于碳钢及低合金高强度钢,主要是按"等强匹配"的原则,选择满足力学性能要求的焊丝或焊条。对于耐热钢和耐候钢,主要考虑焊缝金属与母材化学成分的一致性或相似性,以满足对耐热性和耐腐蚀性等方面的要求。

②根据焊接部件的质量要求(特别是冲击韧性)选择。与焊接条件、坡口形状、保护气体混合比等工艺条件有关,要在确保焊接接头性能的前提下,选择达到最大焊接效率及降低焊接成本的焊接材料。

③根据现场焊接位置选择。对应于被焊工件的板厚选择所使用的焊丝或焊条直径,确定所使用的电流值,参考生产厂的产品介绍资料及使用经验,选择适合于焊接位置及使用电流的焊料牌号。

5. **焊接工艺参数的选择与调整**

根据板厚、焊接位置、焊接设备等选择焊接电流、焊接角度、焊接速度、焊条直径、电弧电压等焊接工艺参数,并用与焊件材料相同的板件进行试焊,依据试焊结果调整焊接工艺参数,直至预期的焊接效果,确定焊接工艺参数。

6. **车辆焊前准备及焊接区域清洁**

(1)车辆准备。

①拆除焊接区域隔音材料、内饰件和玻璃件。隔音材料安装在钢板背面,不易观察,稍不注意,在焊接过程中产生的热量就会引燃隔音材料。焊接时,焊接热量会引燃焊接区域内饰件,并损坏玻璃件。

②在油管附近焊接时,应放掉油管中的油,以免焊接热量引燃油管;在油箱附近区域焊接时应特别注意,必须放冷燃油,并在油箱上覆盖湿抹布,严格控制油箱温度,以防油箱发生爆炸。

③确认点火开关关闭。焊接过程中,有电流通过车身钢板,为避免电流损伤车辆电器元件,应将点火开关关闭。

④车辆遮盖。对焊接位置附近区域进行遮盖,避免焊接飞溅损伤非焊接位置车身漆面和玻璃。

(2)焊接区域清洁。

①清除焊接区域金属毛刺。

②清除焊接区域漆膜、铁锈。

③焊接区域除油除脂处理。

7. **焊接应力与变形的预防**

焊接时,一般采用集中热源在局部加热,因此造成焊件上温度分布不均匀,最终除了导致焊件在一定的范围内产生焊接残余应力和变形外,还会严重影响焊件的强度、刚度、受压时的稳定性等。

焊接应力是焊接过程中及焊接过程结束后,存在于焊件中的内应力。焊接变形是由焊接应力而引起焊件尺寸的改变。

(1)焊接应力与变形产生的原因。

①焊接不均匀受热或冷却。焊接过程对被焊工件来说,是局部的不均匀加热过程和不均匀冷却过程。这种不均匀冷热过程,会使工件中产生热应力。

②焊缝金属的收缩。当焊缝金属冷却,由液态转为固态时,其体积要收缩。由于焊缝金属与母材是紧密联系,因此,焊缝并不能自由收缩。这将引起整个焊件变形,同时在焊缝中引起应力。

③金属组织的变化。焊件在加热及冷却过程中发生相变,可得到不同的组织,这些组织的比容各不相同,由此也会产生焊接应力与变形。

④焊件的刚性和拘束。由于构件本身或外加的刚性拘束作用,使焊接时的热膨胀不畅,引起构件产生拘束应力。

在以上几种原因中,最根本的原因是焊件不均匀受热和冷却。

(2)焊接变形的种类。按焊接变形的特征,可分为收缩变形、角变形、弯曲变形、波浪变形和扭曲变形,这5种基本变形形式如图1-24所示。

图1-24 焊接变形的基本形式
a)收缩变形;b)角变形;c)弯曲变形;d)波浪变形;e)扭曲变形

①收缩变形。焊件在焊后所发生的尺寸缩短的现象。

②角变形。焊后由于焊缝的横向收缩使得两连接件间的相对角度发生变化的变形。

③弯曲变形。由于焊缝的中心线与结构截面的中性轴不重合或不对称,焊缝的收缩沿构件宽度方向分布不均匀而引起。

④波浪变形。常发生在板厚小于6mm的薄板焊接中,大面积平板拼接,极易产生波浪变形。

⑤扭曲变形。框架、梁柱等刚性较大的焊件上,往往发生扭曲变形。

(3)预防焊接变形的措施。

①预留收缩变形量。根据理论计算和实践经验,在焊件备料及加工时,应预先考虑收缩余量,以便焊后工件达到所要求的形状、尺寸。

②反变形法。根据理论计算和实践经验,预先估计结构焊接变形的方向和大小,然后在焊接装配时给予一个方向相反、大小相等的预置变形,以抵消焊后产生的变形,见图1-25。

图1-25 反变形法
a)采取措施前;b)采取措施后

③刚性固定法。焊接时将焊件加以刚性固定,焊后待焊件冷却到室温后再去掉刚性固定,可有效防止角变形和波浪变形。此方法会增大焊接应力,只适用于塑性较好的低碳钢结构。

④选择合理的焊接顺序。尽量使焊缝自由收缩。焊接焊缝较多的结构件时,应先焊错开的短焊缝,再焊直通长焊缝,以防在焊缝交接处产生裂纹。如果焊缝较长,可采用逐步退焊法和跳焊法,使温度分布较均匀,从而减少了焊接应力和变形,见图1-26。

图1-26 长焊缝的几种焊接顺序
a)分段退焊法;b)跳焊法;c)跳焊法;d)分段焊法

⑤锤击焊缝法。在焊缝的冷却过程中,用圆头小锤均匀迅速地锤击焊缝,使金属产生塑性延伸变形,抵消一部分焊接收缩变形,从而减小焊接应力和变形。

⑥加热"减应区"法。焊接前,在焊接部位附近区域(称为减应区)进行加热使之伸长,焊后冷却时,加热区与焊缝一起收缩,可有效减小焊接应力和变形。

⑦焊前预热和焊后缓冷。预热的目的是减少焊缝区与焊件其他部分的温差,降低焊缝区的冷却速度,使焊件能较均匀地冷却下来,从而减少焊接应力与变形。

三、评价反馈

1. 自我评价

(1) 通过本学习任务的学习,你是否已经知道以下问题。

① 何谓焊接准备程序?_____
_____。

② 车身典型部件使用的焊接有哪几种方法?_____
_____。

③ 何谓焊接应力与变形?_____
_____。

④ 如何进行人员身体安全防护?_____
_____。

⑤ 常用焊接符号的含义是什么?_____
_____。

⑥ 手工电弧焊的特点及适用范围是什么?_____
_____。

⑦ 气体保护焊的特点及适用范围是什么?_____
_____。

⑧ 电阻点焊的特点及适用范围是什么?_____
_____。

⑨ 钎焊的特点及适用范围是什么?_____
_____。

(2) 在焊接准备的施工过程中用到了安全防护设备,你是否已经知道了这些设备的正确操作技能?

评价:_____
_____
_____。

(3) 实训过程完成情况。
评价：_____
_____
_____。

(4) 工作着装是否规范？
评价：_____
_____
_____。

(5) 能否积极主动参与工作现场的清洁和整理工作？
评价：_____
_____
_____。

(6) 在完成本学习任务的过程中，你是否主动帮助过其他同学，并和其他同学探讨中焊接准备的有关问题？具体问题是什么？结果是什么？
评价：_____
_____
_____。

(7) 通过本学习任务的学习，你认为哪些方面还有待进一步改善？
评价：_____
_____
_____。

签名：_____　　　____年____月____日

2. 小组评价

小组评价见表1-10。

小组评价　　　　　　　　　　　　　　　表1-10

序 号	评 价 项 目	评 价 情 况
1	学习态度是否积极主动	
2	是否服从教学安排	
3	是否达到全勤	
4	着装是否符合要求	
5	是否合理规范地使用仪器和设备	
6	是否按照安全和规范的规程操作	
7	是否遵守学习、实训场地的规章制度	
8	是否积极主动地和他人合作、探讨问题	
9	是否能保持学习、实训场地整洁	
10	团结协作情况	

参与评价的同学签名：_____　　____年____月____日

3. 教师评价

教师签名：_____　　____年____月____日

学习任务 2　前纵梁的焊接

学习目标

1. 叙述焊条电弧焊的焊接原理及特点；
2. 知道焊条电弧焊机的类型、适用范围、型号及焊机主要技术参数；
3. 分析焊条电弧焊操作中常见的焊接缺陷；
4. 根据焊条电弧焊工艺参数规范完成各种位置的焊接作业；
5. 正确完成前纵梁的焊条电弧焊操作。

任务描述

以车身前纵梁为例，通过完成该任务，分析焊条电弧焊的性质、工艺特性及适用范围，知道焊条电弧焊的操作流程，相关设备与工具的运用，能独立使用焊条电焊机完成前纵梁的焊接施工，并动作规范，技能达标。

学习引导

本学习任务沿着以下脉络进行学习：

焊前准备 → 设置坡口 → 焊接工艺参数选择 → 试焊 →
确定焊接工艺参数 → 前纵梁焊接 → 清渣 →
焊接质量检查 → 焊缝防锈、防腐处理

一、相 关 知 识

1. 焊条电弧焊的基本原理(图2-1)

焊接前,将被焊工件和焊钳分别与电焊机的两极连接并用焊钳夹持焊条。焊接时使焊条与工件瞬时接触,形成短路,随即将它们分开一定距离(2~4mm),就引燃了电弧。电弧下的工件立即熔化构成一个半卵形熔池。焊条药皮熔化后,一部分变成气体包围住电弧使它与空气隔绝,从而使液态金属免于氧、氮的侵害;一部分变成溶渣,或单独喷向熔池,或与焊芯熔化生成的液态金属熔滴一起喷向溶池。在电弧及熔池中,液态金属、熔渣和电弧气体会相互发生物理化学变化,如气体向液态金属内溶解,进行氧化还原反应等。熔池内的气体和渣由于质量轻而上浮。当电弧移去后,温度降低,金属和渣会先后凝固。这样两件金属经熔化结晶的焊缝金属而连接起来。渣由于收缩量与金属不同,会在渣壳和金属界上产生滑移,渣壳或自动脱落,或敲击后脱落,即可露出带鱼鳞纹状的金属焊缝。

图2-1 焊条电弧焊基本原理
1-工件;2-焊缝;3-熔池;4-电弧;5-焊条;6-焊钳;7-电焊机

2. 焊条电弧焊的特点

焊条电弧焊是手工操作焊条进行焊接的电弧焊,也叫手工电弧焊。

由于其设备简单,操作灵活方便,可以进行各种位置及各种不规则焊缝的焊接,并且具有焊条系列完整,适用于碳钢、低合金钢、不锈钢、铜及铜合金等金属材料的焊接等优点,故焊条电弧焊仍在各个行业广泛应用。

焊条电弧焊的不足:生产率较低,焊接质量很大程度上取决于焊工的操作技能;焊工需要在高温、尘雾环境下工作,劳动条件差,强度大;焊条电弧焊不适合焊接一些活泼金属、难熔金属及低熔点金属。

3. 焊接电弧

(1)电弧的引燃。常态下的气体由中性分子或原子组成,不含带电粒子。要使气体导电,首先要有一个使其产生带电粒子的过程。先将电极(钨棒或焊条)和焊件接触形成短路(图2-2a),此时在某些接触点上产生很大的短路电流,温度迅速升高,为电子的逸出和气体电离提供能量条件,而后将电极提起一定距离(<5mm,图2-2b)。在电场力的作用下,被加

热的阴极有电子高速逸出,撞击空气中的中性分子和原子,使空气电离成阳离子、阴离子和自由电子。这些带电粒子在外电场作用下定向运动,阳离子奔向阴极,阴离子和自由电子奔向阳极。在它们的运动过程中,不断碰撞和复合,产生大量的光和热,形成电弧(图 2-2c)。电弧的热量与焊接电流和电压的乘积成正比,电流越大,电弧产生的总热量就越大。

图 2-2 焊接电弧

(2)电弧的组成。焊接电弧由阴极区、阳极区和弧柱区 3 部分组成(图 2-2c)。阴极区因发射大量电子而消耗一定能量,产生的热量较少,约占电弧热的 36%,阳极表面受高速电子的撞击,传入较多的能量,因此阳极区产生的热量较多,占电弧热的 43%。其余 21% 左右的热量在弧柱区产生。

4. 焊条电弧焊机

焊条电弧焊的主要设备是弧焊机,也称为电焊机。电焊机是焊接电弧的电源。电焊机按所提供的焊接电流种类不同可分为交流电焊机和直流电焊机两类。

交流电焊机有弧焊变压器;直流电焊机有弧焊整流器、弧焊发电机和弧焊逆变器。

我国电焊机的型号采用汉语拼音字母和阿拉伯数字来表示,其型号的编制次序及含义如下(□代表字母代号;×表示数字)。

部分焊机型号与代表符号见表2-1。焊机附加特征名称及代表符号见表2-2。焊机使用环境名称及代号见表2-3。

部分焊机型号与代表符号　　　　　　表2-1

第一字位		第二字位		第三字位		第四字位		第五字位	
代表字母	大类名称	代表字母	小类名称	代表字母	附加特征	数字序号	系列序号	单位	基本规格
A	弧焊发电机	X P D	下降特征 平特征 多特征	省略 D Q C T H	电动机驱动 单纯弧焊发电机 汽油机驱动 柴油机驱动 拖拉机驱动 汽车驱动	省略 1 2	直流 交流发电机整流 交流	A	额定焊接电流
Z	弧焊整流器	X P D	下降特征 平特征 多特征	省略 M L E	一般电源 脉冲电源 高空载电压 交直流两用电源	省略 1 3 4 5 6 7	磁放大器或饱和电抗式 动铁心式 动线圈式 晶体管式 晶闸管式 交换抽头式 变频式	A	额定焊接电流
B	弧焊变压器	X P	下降特征 平特征	L	高空载电压	省略 1 2 3 5 6	磁放大器或饱和电抗式 动铁心式 串联电抗器式 动线圈式 晶闸式 交换抽头式	A	额定焊接电流

焊机附加特征名称及代表符号　　　　　　表2-2

大类名称	附加特征名称	简　称	代表符号
弧焊发电机	同轴电动发电机组 单一发电机 汽油机拖动 柴油机拖动	 单 汽 柴	 D Q C
弧焊整流器	硒整流器 硅整流器 锗整流器	硒 硅 锗	X G Z
弧焊变压器	铝绕组	铝	L

焊机使用环境名称及代表符号 表2-3

使用环境名称	简　称	代表符号	使用环境名称	简　称	代表符号
热带用	热	T	高原用	高原	G
湿热带用	湿热	TH	水下用	水下	S
干热带用	干热	TA			

（1）交流电焊机。交流电焊机又称弧焊变压器，由降压变压器、阻抗调节器、手柄和焊接电弧等组成。

①性能特点。为了使焊接顺利进行，这种变压器电源能按焊接过程的需要而具有如下特点。

a. 陡降特性。一般的用电设备都要求电源的电压不随负载的变化而变化，其电压是恒定的，如为380V（单相）或220V。虽然接入焊接变压器的电压是一定的，如为380V或220V，但通过这种变压器后所输出的电压 U 可随输出电流 I（负载）的变化而变化，且电压随负载增大而迅速降低，此称为陡降特性或下降特性，如图2-3所示。这就适应了焊接所需各种的电压要求。

初级电压：即接入电焊机的外电压。由于弧焊变压器初级线圈两端要求的电压为单项380V，因此一般交流电焊机接入电网的电压为单项380V。

零电压：为了保证焊接过程频繁短路（焊条与焊件接触）时，要求电压能自动降至趋近于零，以限制短路电流不致无限增大而烧毁电源。

空载电压：为了满足引弧与安全的需要，空载（未焊接）时，要求空载电压约为60～80V，这既能顺利起弧，又对人身比较安全。

工作电压：焊接起弧以后，要求电压能自动下降到电弧正常工作所需的电压，即为工作电压，约为20～40V，此电压也为安全电压。

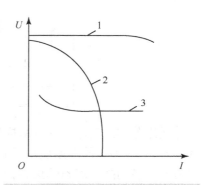

图2-3　焊接电源特性
1-普通电源的特性曲线；2-焊接电源的特性曲线；3-焊接电弧的静特性曲线

电弧电压：即电弧两端的电压，此电压是在工作电压的范围内。焊接时，电弧的长短会发生变化。电弧长度长，电弧电压应高些；电弧长度短，则电弧电压应低些。因此，弧焊变压器应适应电弧长度的变化而保证电弧的稳定。

b. 焊接电流的可调节性。为了适应不同材料和板厚的焊接要求，焊接电流能从几十安培调到几百安培，并可根据工件的厚度和所用焊条直径的大小任意调节所需的电流值。电流的调节一般分为两级：一级是粗调，常用改变输出线头的接法（Ⅰ位置连接或Ⅱ位置连接），从而改变内部线圈的圈数来实现电流大范围的调节，粗调时应在切断电源的情况下进行，以防止触电伤害；另一级是细调，常用改变电焊机内"可动铁芯"（动铁芯式）或"可动线圈"（动圈式）的位置来达到所需电流值，细调节的操作是通过旋转手柄来实现的，当手柄逆时针旋转时电流值增大，手柄顺时针旋转时电流减小，细调节应在空载状态下进行。各种型号的电焊机粗调与细调的范围,可查阅标牌上的说明。图 2-4 为 BX3—300 型交流弧焊机,图 2-5 为 BX3—300 型交流弧焊机结构示意图。

图 2-4　BX3—300 型交流弧焊机

图 2-5　BX3—300 型交流弧焊机结构示意图

常用的交流电焊机型号有 BX3—300、BX1—330、BX1—400、BX3—500 等。型号 BX3—300 的含义如下:

②适用范围。交流电焊机结构简单,价格便宜,噪声小,使用可靠,维修方便,但电弧稳定性较差,有些种类的焊条使用受到限制。在我国交流电焊机使用非常广泛。交流电焊机主要适合于使用酸性焊条焊接各种黑色金属;对短小焊缝、不规则焊缝比较适宜;另外还可作为铝合金交流钨极氩弧焊、埋弧自动焊及半自动焊的焊接电源。

(2)直流电焊机。直流电焊机又称弧焊整流器或整流焊机。

①性能特点。直流电焊机是由交流变压器、整流器、磁饱和电抗器、输出电抗器以及控制系统等组成。其中整流器是由大功率硅整流元件构成,它将交流电变为直流电,供焊接使用。磁饱和电抗器相当于一个很大的电感,使电源获得下降特性。焊接电流的调节是通过电流控制器来改变磁饱和电抗器控制绕组中直流电的大小。直流电焊机的输入端电压一般为单相 220V、380V 或三相 380V;空载电压一般为 60~90V;工作电压一般为 25~40V。

a. 弧焊整流器。是一种用硅二极管作为整流装置,把交流电经过变压、整流后,供给电弧负载的直流电源。其优点是电弧稳定、耗电少、噪声小、制造简单、维护方便、防潮、抗震、耐候性强。

b. 直流弧焊发电机。是一种电动机和特种直流发电机的组合体,因焊接过程噪声大,耗能大,焊机质量大,1992 年被国家相关部委宣布为淘汰产品,1993 年停止生产。对于原有产品仍可继续使用;另一种是柴油机(或汽油机)和特种直流发电机的组合体,可用于缺乏电源的野外作业。

c. 弧焊逆变器。是一种新型、高效、节能的直流焊接电源,该焊机具有极高的综合指标。其优点是焊机主变压器小、轻便灵活、适应性好,特别适宜移动焊接,耗电少,电弧稳定、指向性好。

弧焊逆变器输出外特性曲线具有外拖的陡降横流特性,如图2-6所示。

焊接过程中,由于某种原因焊接电弧突然缩短,电弧电压降至某一数值,外特性曲线出现外拖,此时,输出电流值加大,加速熔滴向熔池过渡,焊接电弧仍能稳定燃烧,不会发生焊条与焊件黏着现象。

图2-6 弧焊逆变器的外特性曲线

常用的直流电焊机型号有 ZXG—300、ZXG—500 等,其含义举例如下:

②电极接法。在直流电焊机中,电弧有固定的极性,而且两极的热量高低是不相同的:阳极产生的电弧热量较多约占42%,阴极为38%,弧柱为20%。因此,在使用直流电焊机时,有两种接法,如图2-7所示。

图2-7 直流甩弧焊的正接与反接
a)正接法;b)反接法

a. 正接法。当焊件是厚板时,由于局部加热熔化所需的热量比较多,焊件应接电焊机的正极(阳极);而电焊条接电焊机的负极(阴极)。这种接法称为正接法。正接时,电弧热量主要集中在焊件(阳极)上,有利于加快焊件熔化,保证足够的熔深,适用于焊接较厚的工件。

b. 反接法。当焊件不需要强烈加热时,例如堆焊或对铸铁、高碳钢件、铝及铝合金等,焊件应接负极(阴极),而电焊条接正极(阳极),这种接法称为反接法。但在使用碱性焊条时,均采用直流反接法。反接时,焊条接阳极,也适用于焊接有色金属及薄钢板,以避免烧穿焊件。

③适用范围。整流电焊机是一种取代直流电焊机的优良的电弧焊电源,由于电流方向不随时间的变化而变化,因此电弧燃烧稳定,焊缝成形好,运行使用可靠,有利于提高焊接质量。另外,还有维修方便、噪声较小等优点,是我国焊机发展的方向。整流电焊机的适用范围与交流电焊机类同,适用于各种低碳钢、低合金钢及不同类型结构钢的焊接。

(3)焊机铭牌主要技术参数。每台焊机出厂时,在焊机的明显位置上钉有焊机的铭牌,铭牌的内容主要有焊机的名称、型号、主要技术参数、焊机制造厂、生产日期、焊机出厂编号等。其中,主要技术参数是焊接生产中选用焊机的主要依据。主要技术参数有:

①额定焊接电流。是焊条电弧焊电源在额定负载持续率条件下允许使用的最大焊接电流。负载持续率越大,表明在规定的工作周期内,焊接工作时间延长了,焊机的温度就要升高。为了不使焊机绝缘破坏,就要减小焊接电流。负载持续率越小,表明在规定的工作周期内,焊接工作时间减少了,此时,可以短时提高焊接电流。当实际负载持续率与额定负载持续率不同时,焊条电弧焊的许用焊接电流就会变化,可按下式计算:

$$许用焊接电流 = 额定焊接电流 \times \sqrt{\frac{额定负载持续率}{实际负载持续率}}$$

②负载持续率。是指焊机电源负载的时间占选定工作时间周期的百分率。可按下式计算:

$$负载持续率 = \frac{在选定工作时间周期中焊机电源有负载的时间}{选定工作时间周期}$$

用负载持续率表示焊接电源的工作状态,因为焊机电源的温升既与焊接电流的大小有关,也和焊机电源的工作状态有关,连续焊接和断续焊接时,焊机电源的温升是不一样的。我国标准规定,对于容量500A以下的焊条电弧焊电源,它的工作周期为5min,即5min内有2min用于换焊条、清渣,而焊机的负载时间是3min,则该焊机的负载持续率为60%。

对于一台焊机,随着实际焊接时间的增长,间歇的时间减少,负载持续率就会增高,焊机电源就容易发热升温,甚至烧损。所以,在开始焊接工作前,要看焊机铭牌,按负载持续率使用焊机。

③其他参数。一次电压、一次电流、相数、功率这些参数说明该焊机对电网的要求,焊机在接入电网时,一次电压、一次电流、相数、功率等都必须与焊机电源相符,只有这样才能保证焊机安全正常工作。

5. 电焊钳及焊接电缆

(1)电焊钳。电焊钳是夹持焊条并传导焊接电流的操作器具。对电焊钳的要求是:

①在任何斜度都能夹紧焊条。
②具有可靠的绝缘和良好的隔热性能。
③电缆的橡胶包皮应伸入到钳柄内部,使导体不外露,起到屏护作用;轻便、易于操作。
④电焊钳与电缆线的连接应简便可靠,接触电阻小。不良的接触会损耗电能,还会导致焊机过热将接线板烧毁或使电焊钳过热而无法工作。

电焊钳的规格和主要技术数据见表2-4。

电焊钳的规格和主要技术数据　　　　　表2-4

规格 （A）	额定值			适用焊条直径 （mm）	耐电压性能 （V/min）	能连接的最大 电缆截面 （mm²）
	负载持续率 （%）	工作电压 （V）	工作电流 （A）			
500	60	40	500	4.0～8.0	1000	95
300	60	32	300	2.5～5.9	1000	50
100	60	26	160	2.0～4.0	1000	35

（2）焊接电缆。焊接电缆的作用是传导焊接电流，选用焊接电缆的原则是：

①焊接电缆内导体用多股细铜丝制成，其截面积应根据焊接电流和导线长度决定。

②焊接电缆外皮必须完好、柔软、绝缘性好，如发现外皮损坏，必须及时修好或更换。

③焊接电缆线的长度一般不宜超过20～30m，如需加长时，可将焊接电缆线分为两节导线，连接电焊钳的一节用细电缆，减轻焊接人员手臂的负重劳动强度，另一节按长度及使用的焊接电流选择粗一点的电缆，两节用电缆快速接头连接。

④不允许用扁铁搭接或其他办法来代替连接焊接的电缆，以免因接触不良而使回路上的压降过大，造成引弧困难和焊接电弧的不稳定。

焊接电缆型号有YHH型橡胶套电缆和YHHR型橡胶软电缆两种。各种焊接电缆技术参数见表2-5。

焊接电缆技术数据　　　　　表2-5

电缆型号	截面面积 （mm²）	额定电流 （A）	电缆型号	截面面积 （mm²）	额定电流 （A）
YHH型橡胶套电缆	16	120	YHHR型橡胶软电缆	6	35
	25	150		10	60
	35	200		16	100
	50	300		25	150
	70	450		35	200
	95	600		50	300
	120	—		70	450
	150	—		95	600

6. 焊条

（1）焊条的组成。焊条是手工电弧焊所使用的焊接材料，它由金属焊芯和表面药皮涂层组成。

①焊芯。焊芯的作用，一是作为电极传导电流，二是熔化后作为填充金属与母材形成焊

缝。焊芯的化学成分和杂质含量直接影响焊缝质量。焊条直径是由焊芯直径来表示的，一般为 1.6mm、2.0mm、2.5mm、3.2mm、4.0mm、5.0mm、6.0mm、8.0mm 等规格，长度为 300~450mm。

②药皮。药皮的作用，一是改善焊接工艺性，如药皮中含有稳弧剂，使电弧易于引燃和保持燃烧稳定；二是对焊接区起保护作用，药皮中含有造渣剂、造气剂等，造渣后熔渣与药皮中有机物燃烧产生的气体对焊缝金属起双重保护作用；三是起有益的冶金化学作用。药皮中含有脱氧剂、合金剂、稀渣剂等，使熔化金属顺利地进行脱氧、脱硫、去氢等冶金化学反应，并补充被烧损的合金元素。

(2) 焊条的种类。焊条按用途不同分为十大类：结构钢焊条、钼和铬钼耐热钢焊条、低温钢焊条、不锈钢焊条、堆焊焊条、铸铁焊条、镍及镍合金焊条、铜及铜合金焊条、铝及铝合金焊条、特殊用途焊条等。其中结构钢焊条分为碳钢焊条和低合金钢焊条。

结构钢焊条按药皮性质不同还可分为酸性焊条和碱性焊条两种。酸性焊条的药皮中含有多量酸性氧化物（如 SiO_2、MnO_2 等），碱性焊条药皮中含有多量碱性氧化物（如 CaO 等）和萤石（CaF_2）。由于碱性焊条药皮中不含有机物，药皮产生的保护气体中氢含量极少，所以又称为低氢焊条。

①酸性焊条：熔渣中以酸性氧化物为主，氧化性强，合金元素烧损大，故焊缝的塑性和韧度不高，且焊缝中氢含量高，抗裂性差，但酸性焊条具有良好的工艺性，对油、水、锈不敏感，交流直流电源均可用，广泛用于一般结构件的焊接。

②碱性焊条（又称低氢焊条）：药皮中以碱性氧化物萤石为主，并含较多铁合金，脱氧、除氢、渗金属作用强，与酸性焊条相比，其焊缝金属的含氢量较低，有益元素较多，有害元素较少，因此焊缝力学性能与抗裂性好，但碱性焊条工艺性较差，电弧稳定性差，对油污、水、锈较敏感，抗气孔性能差，一般要求采用直流焊接电源，主要用于焊接重要的钢结构或合金钢结构。

(3) 焊条的牌号与型号。焊条型号是国家标准中规定的焊条代号。生产中应用最广的碳钢焊条和低合金钢焊条，相应的国家标准为 GB/T 5117—2012 和 GB/T 5118—2012。标准规定，碳钢焊条型号由字母"E"和四位数字组成。如"E4303"，其含义如下：

在我国已公布的碳钢焊条型号中，代表熔敷金属抗拉强度最小值的数字仅有"43"（最小抗拉强度值 430MPa）和"50"（最小抗拉强度值 490MPa）系列两种。

焊条牌号是焊条生产行业统一的焊条代号。表 2-6 为焊条用途类别与焊条牌号表示方法。焊条牌号前的字母表示焊条类别，"×××"代表数字，前两位数字代表焊缝金属抗拉强度等级。末尾数字表示焊条的药皮类型和焊接电流种类（表 2-7）。表 2-8 列举出部分常用碳钢焊条型号与对应的焊条牌号及数字含义。

焊条用途类别与焊条牌号表示方法　　　　表 2-6

名　　称	焊条牌号	名　　称	焊条牌号
结构钢焊条	J×××	铸铁焊条	Z×××
钼及铬钼耐热钢焊条	R×××	镍及镍合金焊条	Ni×××
低温钢焊条	W×××	铝及铝合金焊条	L×××
不锈钢焊条	G×××	铜及铜合金焊条	T×××
	A×××	特殊用途焊条	TS×××
堆焊焊条	D×××		

焊条型号是根据熔敷金属抗拉强度、药皮类型、焊接位置、电流种类及极性划分的，以便供用户选焊条时参考。但同一种焊条型号可能有不同性能的几种焊条牌号与之对应，如 J427 和 J427Ni 属于同一种焊条型号 E4315。

(4) 焊条的选用。

焊条牌号末尾数字与焊条药皮类型及焊接电流种类之间的关系　　　　表 2-7

末尾数字	药皮类型	焊接电流种类	末尾数字	药皮类型	焊接电流种类
××0	不属已规定的类型		××5	纤维素型	交流或直流正、反接
××1	氧化钛型	交流或直流正、反接	××6	低氢钾型	交流或直流反接
××2	氧化钛钙型		××7	低氢钠型	直流反接
××3	钛铁矿型		××8	石墨型	交流或直流正、反接
××4	氧化铁型		××9	盐基型	直流反接

部分常用碳钢焊条型号与牌号对应表　　　　表 2-8

焊条型号	焊条牌号	熔敷金属抗拉强度数值（≥）(MPa)	药皮种类	焊条类别	电流种类与极性	用　途
E4319	J423	430	钛铁矿型	酸性焊条	交流或直流正、反接	较重要的碳钢结构
E5019	J503	490				
E4303	J422	430	钛钙型			
E5003	J502	490				
E4311	J425	430	高纤维素钾型	酸性焊条	交流或直流反接	一般碳钢结构
E5011	J505	490				
E4320	J424	430	氧化铁型		交流或直流正接	较重要的碳钢结构
E4327	J424Fe	430	铁粉氧化铁型			
E4315	J427	430	低氢钠型	碱性焊条	直流反接	重要碳钢、低合金钢结构
E5015	J507	490				
E4316	J426	430	低氢钾型		交流或直流反接	
E5016	J506	490				
E5018	J506Fe	490	铁粉低氢钾型			

①考虑母材的力学性能和化学成分。焊接低碳钢和低合金结构钢时,应根据焊接件的抗拉强度选择相应强度等级的焊条,即等强度原则;焊接耐热钢、不锈钢等材料时,则应选择与焊接件化学成分相同或相近的焊条,即等成分原则。

②考虑结构的使用条件和特点。对于承受动载荷或冲击载荷的焊接件,或结构复杂、大厚度的焊接件,为保证焊缝具有较高的塑性和韧度,应选择碱性焊条。

③考虑焊条的工艺性。对于焊前清理困难,且容易产生气孔的焊接件,应当选择酸性焊条;如果母材中含碳、硫、磷量较高,则应选择抗裂性较好的碱性焊条。

④考虑焊接设备条件。如果没有直流焊机,则只能选择交直流两用的焊条。

⑤在确定了焊条牌号后,还应根据焊接件厚度、焊接位置等条件选择焊条直径。一般是焊接件越厚,焊条直径应越大。

(5)焊条的保管。

①焊条的保存。焊条保管的好坏对焊接质量有直接影响,尤其在野外工作时要特别注意。每个焊工、保管员和技术人员都应该知道焊条存储、保管规则。焊条在很多情况下会遭到破坏:运输、搬运、使用时受到损伤;被水浸泡或吸潮;受油或其他腐蚀介质污染。

在一般情况下焊条由塑料袋和纸盒包装,为了防止吸潮,在焊条使用前,不能随意拆开,尽量做到现用现拆,有可能的话,焊完后剩余的焊条再密封起来。

简单识别受潮的方法:从不同位置取出几根焊条放在两手的拇指和食指之间,将焊条托住,并轻轻摇动,如果焊条是干燥的就产生硬而脆的金属声,如果焊条受潮,声音发钝。如果用某种型号受潮焊条焊接时发现有裂纹声音和气孔,这时一定要考虑焊条是否烘干,然后再考虑其他原因;用受潮焊条焊接时如果焊条含水量非常高,甚至可以看到焊条表面有水蒸气发出来,或者当焊条烧焊一多半时,发现焊条尾部有裂纹现象存在。

②焊条的存储。

a. 各类焊条必须分类、分牌号堆放,避免混乱。

b. 焊条必须存放在较干燥的仓库内,建议室温在10℃以下,相对湿度小于60%。

c. 各类焊条存储时,必须离地面高300mm、离墙壁300mm以上,以免受潮。

d. 一般焊条一次出库量不能超过两天的用量。已经出库的焊条,必须要保管好。

③焊条使用前的烘干与保管。

a. 酸性焊条对水分不敏感,而有机物金红石型焊条能容许有更高的含水量。所以要根据受潮的具体情况,以70~150℃的温度烘干1h,存储时间短且包装良好,一般使用前可不烘干。

b. 碱性低氢型焊条在使用前必须烘干,以降低焊条的含氢量,防止气孔、裂纹等缺陷产生,一般烘干温度为350℃,时间为1h。不可将焊条在高温炉中突然放入或突然冷却,以免药皮干裂。对含氢量有特殊要求的,烘干温度应提高到400~500℃,时间为1~2h。经烘干的碱性焊条最好放入另一个温度控制在50~100℃低温烘干箱中存放,并随用随取。

c. 烘干焊条时,每层焊条不能堆放太厚(一般1~3层),以免焊条烘干时受热不均和潮气不易排除。

d. 露天操作时,隔夜必须将焊条妥善保管,不允许露天存放,应该在低温箱中恒温存放,否则次日使用前必须重新烘干。

7. 焊条电弧焊接工艺参数

（1）焊条直径。焊条直径的选择主要取决于焊件厚度、接头形式、焊缝位置及焊接层次等因素。在不影响焊接质量的前提下，为了提高劳动生产率，一般倾向于选择大直径的焊条。但是焊条直径大往往会造成未焊透和焊缝成型不良。焊条直径的选择通常可以从以下几个方面考虑：

①焊件的厚度。厚度较大的焊件应选用较大直径的焊条。

②焊缝的位置。平焊时应选用较大直径的焊条；立焊、横焊、仰焊时为减小热输入，防止熔化金属下淌，应采用小直径焊条并配合小电流焊接。

③焊接层数。多层焊时为保证根部焊透，第一层焊道应采用小直径焊条焊接，以后各层可以采用较大直径焊条焊接，以提高生产效率。

④接头形式。搭接接头、T形接头多用作非承载焊缝，为提高生产效率应采用较大直径的焊条。

（2）焊接电流。增大焊接电流能提高生产效率，使熔深增大，但电流过大易造成焊缝咬边和烧穿等缺陷，降低接头的力学性能。焊接电流主要根据焊条类型、焊条直径、焊件厚度、接头形式、焊缝空间位置及焊接层次等因素来决定。焊接时，焊接电流的选择可以从以下几个方面考虑：

①根据焊条直径和焊件厚度选择。焊条直径越大，焊件越厚，要求焊接电流越大。平焊低碳钢时，焊接电流 I（单位 A）与焊条直径 D（单位 mm）的关系式为：$I=(35\sim 55)D$。

②根据焊接位置的选择。在焊条直径一定的情况下，平焊位置要比其他位置焊接时选用的焊接电流大。

（3）电弧电压。电弧电压的大小是由电弧长短决定的。电弧长则电压高，电弧短则电压低。在焊接过程中应采用不超过焊条直径的短电弧。否则会出现电弧燃烧不稳、保护不好、飞溅大、熔深小，还会使焊缝产生未焊透、咬边和气孔等缺陷。

（4）焊接层数。在中、厚板焊条电弧焊时，往往采用多层焊。

（5）电源种类和极性。直流电源电弧稳定，飞溅小，焊接质量好，一般用在重要的焊接结构或厚板大刚度结构的焊接上。其他情况下，应首先考虑用交流焊机。一般情况下，使用碱性焊条或薄板的焊接，采用直流反接；而酸性焊条，通常选用正接。

（6）焊接速度。单位时间内完成的焊缝长度称为焊接速度。焊接速度过快或过慢都将影响焊缝的质量。焊接速度过快，熔池温度不够，易造成未焊透、未融合和焊缝过窄等现象。若焊接速度过慢，易造成焊缝过厚、过宽或出现焊穿等现象。掌握合适的焊接速度有两个原则：一是保证焊透；二是保证要求的焊缝尺寸。

8. 焊接缺陷

在焊接过程中，由于焊接规范选择、焊前准备和操作不当，会产生各种焊接缺陷。焊接缺陷不仅会影响焊缝的美观，还有可能减小焊缝的有效承载面积，造成应力集中引起断裂，直接影响焊接结构使用的可靠性。表2-9列出了常见的焊接缺陷及其产生的原因。

9. 各种位置的焊接

焊接空间位置不同的焊接接头，虽然具有各自不同的特点，但也具有共同的规律，其共同规律就是选择合适的焊接电流，保持正确的焊条角度，掌握好运条的动作，控制熔池表面形状、大小和温度,使熔池金属的冶金反应较完全,气体、杂质排除彻底,并与母材很好地熔合。

常见的焊接缺陷及其产生的原因　　　　　表2-9

缺陷名称	示意图	特　征	产　生　原　因
气孔		焊接时,熔池中的过饱和 H_2、N_2 以及冶金反应产生的 CO,在熔池凝固时未能逸出,在焊缝中形成空穴	焊接材料不清洁;弧长太长,保护效果差;焊接规范不恰当;冷速太快;焊前清理不当
裂纹		热裂纹:沿晶开裂,具有氧化色泽,多在焊缝上,焊后立即开裂;冷裂纹:穿晶开裂,具有金属光泽,多在热影响区,有延时性,可发生在焊后任何时刻	热裂纹:母材硫、磷含量高;焊缝冷速太快,焊接应力大;焊接材料选择不当;冷裂纹:母材淬硬倾向大;焊缝含氢量高;焊接残余应力较大
夹渣		焊后残留在焊缝中的非金属夹杂物	焊道间的熔渣未清理干净;焊接电流太小、焊接速度太快;操作不当
咬边		在焊缝和母材的交界处产生的沟槽和凹陷	焊条角度和摆动不正确;焊接电流太大、电弧过长
焊瘤		焊接时,熔化金属流淌到焊缝区之外的母材上所形成的金属瘤	焊接电流太大、电弧过长、焊接速度太慢;焊接位置和运条不当
未焊透		焊接接头的根部未完全熔透	焊接电流太小、焊接速度太快;坡口角度太小、间隙过窄、钝边太厚

(1)平焊。是在水平面上进行任何方向焊接的一种操作方法。由于焊缝处在水平位置,熔滴主要靠自重过渡,操作技术比较容易掌握,可以选用较大直径焊条和较大的焊接电流,生产效率高,因此在生产中应用比较普遍。如果焊接参数选择不当或操作不当,打底焊时容易造成根部焊瘤或未焊透,也容易出现熔渣与熔化金属混杂不清或熔渣超前而引起的夹渣。

平焊分为对接平焊、T形接头平焊和搭接接头平焊。

①对接平焊。推荐对接平焊的焊接参数见表2-10。

推荐对接平焊的焊接参数　　　　表2-10

焊缝横截面形式	焊件厚度（mm）	第一层焊缝		其他各层焊缝		盖面焊缝	
		焊条直径（mm）	焊接电流（A）	焊条直径（mm）	焊接电流（A）	焊条直径（mm）	焊接电流（A）
	2	2	50~60	—	—	2	55~60
	2.5~3.5	3.2	80~110	—	—	3.2	85~120
	4~5	3.2	90~130	—	—	3.2	100~130
		4	160~200	—	—	4	160~210
		5	200~260	—	—	5	220~260
	5~6	4	160~200	—	—	3.2	100~130
						4	180~210
	>6	4	160~200	4	160~210	4	180~220
				5	220~280	5	220~260
	≥12	4	160~210	4	160~210	—	—
				5	220~280		

a. I形坡口对接平焊。当板厚小于6mm时,一般采用I形坡口对接平焊。采用双面双道焊,焊条直径3.2mm。焊接正面焊缝时,采用短弧焊,熔深为焊件厚度的2/3,焊缝宽度5~8mm,余高应小于1.5mm,如图2-8所示。焊接反面焊缝时,除重要结构外,不必清根,但要将正面焊缝背部的熔渣清除干净,然后再焊接,焊接电流可大些。焊条角度如图2-9所示。

图2-8　I形坡口对接接头　　　　图2-9　对接平焊的焊条角度

b. V形坡口的对接平焊。当板厚超过6mm时,由于电弧的热量较难深入到I形坡口根部,必须开单V形坡口或双V形坡口,可采用多层焊或多层多道焊,如图2-10、图2-11所示。

图2-10　多层焊　　　　　　　　图2-11　多层多道焊

多层焊时,第一层应选用较小直径的焊条,运条方法应根据焊条直径与坡口间隙而定。可采用直线运条法或锯齿形运条法,要注意边缘熔合的情况并避免焊件焊穿。以后各层焊接时,应将前一层焊渣清除干净,然后选用直径较大的焊条和较大的焊接电流进行施焊。可采用锯齿形运条法,并应用短弧焊接。但每层不宜过厚,应注意在坡口两边稍停留,为防止产生熔合不良及夹渣等缺陷,每层的焊缝接头必须互相错开。

多层多道焊的焊接方法与多层焊接相似,焊接时,初学者特别注意清除熔渣,以避免产生夹渣、未熔合等缺陷。

②T形接头平焊。推荐T形接头平焊的焊接参数见表2-11。

推荐T形接头平焊的焊接参数　　　　　　表2-11

焊缝横截面形式	焊件厚度或焊脚尺寸（mm）	第一层焊缝		其他各层焊缝		盖面焊缝	
		焊条直径（mm）	焊接电流（A）	焊条直径（mm）	焊接电流（A）	焊条直径（mm）	焊接电流（A）
	2	2	55~65	—	—	—	—
	3	3.2	100~120	—	—	—	—
	4	3.2	100~120	—	—	—	—
		4	160~200	—	—	—	—
	5~6	4	160~200	—	—	—	—
		5	220~280	—	—	—	—
	≥7	4	160~200	5		—	—
		5	220~280	4	160~200	4	160~200
		4	160~200	5	220~280		

T形接头平焊时,容易产生未焊透、焊偏、咬边及夹渣等缺陷,特别是立板容易咬边。为防止上述缺陷,焊接时除正确选择焊接参数外,还必须根据两板厚度调整焊条角度,电弧应偏向厚板一边,让两板受热温度均匀一致,如图2-12所示。

图2-12　T形接头平焊时的焊条角度

当焊脚小于6mm时,可用单层焊,选用直径4mm焊条,采用直线形或斜圆形运条方法。焊接时采用短弧,防止产生焊偏及垂直板上咬边。焊脚在6~10mm之间时,可用两层两道焊,焊第一层时,选用直径3.2~4mm焊条,采用直线形运条法,必须将顶角焊透,以后各层可选用直径4~5mm的焊条,采用斜圆形运条法,要防止产生焊偏及咬边等现象。当焊脚大于10mm时,采用多层多道焊,可选用直径5mm的焊条,这样就能提高生产效率。在焊接第一道焊缝时,应选用较大的电流,以得到较大的熔深;焊接第二道焊缝时,由于焊件温度升高,可选用较小的电流和较快的焊接速度,以防止垂直板产生咬边现象。在实际生产中,当焊件能翻动时,尽可能把焊件放成平焊位置进行焊接,如图2-13所示。平焊位置焊接既能避免产生咬边等缺陷,焊缝平整美观,又能使用大直径焊条和较大的焊接电流并便于操作,从而提高生产效率。

图2-13 平焊

③搭接平焊。搭接平焊时,主要的困难是板件边缘易受电弧高温熔化而产生咬边,同时也容易产生焊偏,因此必须掌握好焊条角度和运条方法,焊条与下板表面的角度应随下板的厚度增大而增大,如图2-14所示。搭接平焊根据厚度不同也分为单层焊、多层焊和多层多道焊,选择方法基本上与T形接头平焊相似。

图2-14 搭接平角焊的焊条角度

(2)立焊。是在垂直方向上进行焊接的一种操作方法。在重力的作用下,焊条熔化所形成的熔滴及熔池中的熔化金属要下淌,造成焊缝成形困难,质量受影响,因此,立焊时选用的焊条直径和焊接电流均应小于平焊,并采用短弧焊接。

立焊有两种操作方法:一种是由下向上施焊,是目前生产中常用的一种方法,称为向上立焊或简称为立焊;另一种是由上向下施焊,这种方法要求采用专用的向下立焊焊条才能保证焊缝质量。由下向上焊接可采用以下措施:

在对接时,焊条应与焊件金属垂直,同时与施焊前进方向呈60°~80°的夹角。在角接立焊时,焊条与两板之间各为45°,向下倾斜10°~30°,如图2-15所示。

图2-15 立焊时的焊条角度

用较细直径的焊条和较小的焊接电流,焊接电流一般比平焊小10%~15%。
采用短弧焊接,缩短熔滴金属过渡到熔池的距离。
根据焊件接头形式的特点,选用合适的运条方法。
①对接立焊。推荐对接接头立焊的焊接参数见表2-12。

推荐对接接头立焊的焊接参数　　　　表 2-12

焊缝横截面形式	焊件厚度或焊脚尺寸（mm）	第一层焊缝		其他各层焊缝		盖面焊缝	
		焊条直径（mm）	焊接电流（A）	焊条直径（mm）	焊接电流（A）	焊条直径（mm）	焊接电流（A）
	2	2	45~55	—	—	2	50~55
	2.5~4	3.2	75~100	—	—	3.2	80~110
	5~6	3.2	80~120	—	—	3.2	90~120
	7~10	3.2	90~120	4	120~160	3.2	90~120
		4	120~160				
	≥11	3.2	90~120	4	120~160	3.2	90~120
		4	120~160	5	160~200		
	12~18	3.2	90~120	4	120~160		
		4	120~160				
	≥19	3.2	90~120	4	120~160		
		4	120~160	5	160~200		

a. I 形坡口的对接立焊。常用于薄板的焊接，焊接时容易产生焊穿、咬边、金属熔滴流失等缺陷。一般选用跳弧法施焊，电弧离开熔池的距离尽可能短些，跳弧的最大弧长应不大于 6mm。在实际操作中，应尽量避免采用单纯的跳弧焊法，有时由于焊条的性能及焊缝的条件关系，可采用其他方法与跳弧法配合使用，如图 2-16 所示。

图 2-16　I 形坡口对接立焊时各种运条方法
a）直线形跳弧法；b）月牙形跳弧法；c）锯齿形跳弧法

b. V 形或 U 形坡口的对接立焊。对接立焊的坡口有 V 形和 U 形等形式，如果采用多层焊时，层数则由焊件厚度来决定，每层焊缝的成形都应注意，打底焊时应选用直径较小的焊条和较小的焊接电流。对厚板采用小三角形运条法，对中厚板或较薄板可采用小月牙形或锯齿形跳弧运条法，各层焊缝都应及时清理焊渣，并检查焊接质量。表层焊缝运条方法按所需焊缝高度的不同来选择，运条的速度必须均匀，在焊缝的两侧稍作停留，这样有利于熔滴的过渡，防止产生咬边等缺陷。V 形坡口对接立焊常用的各种运条方法如图 2-17 所示。

②T 形接头立焊。推荐 T 形接头立焊的焊接参数见表 2-13。

推荐 T 形接头立焊的焊接参数　　　　表 2-13

焊缝横截面形式	焊件厚度或焊脚尺寸（mm）	第一层焊缝		其他各层焊缝		盖面焊缝	
		焊条直径（mm）	焊接电流（A）	焊条直径（mm）	焊接电流（A）	焊条直径（mm）	焊接电流（A）
	2	2	50~60	—	—	—	—
	3~4	3.2	90~120	—	—	—	—
	5~8	3.2	90~120	—	—	—	—
		4	120~160				
	9~12	3.2	90~120	4	120~160	—	—
		4	120~160				
	—	3.2	90~120	4	120~160	3.2	90~120
		4	120~160				

　　T 形接头立焊容易产生的缺陷是角顶不易焊透,而焊缝两边容易咬边。为了克服这个缺陷,焊条在焊缝两侧应稍作停留,电弧的长度应尽可能地缩短,焊条摆动幅度应不大于焊缝宽度,为获得质量良好的焊缝,要根据焊缝的具体情况,选择合适的运条方法。常用的运条方法有跳弧法、三角形运条法、锯齿形运条法和月牙形运条法等,如图 2-18 所示。

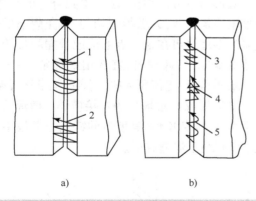

图 2-17　V 形坡口对接立焊常用的各种运条方法
a) 填充及盖面焊道；b) 打底焊道
1-月牙形运条；2-锯齿形运条；3-小月牙形运条；4-三角形运条；5-跳弧运条

图 2-18　T 形接头立焊的运条方法

　　(3) 横焊。推荐对接横焊的焊接参数见表 2-14。
　　横焊是在垂直面上焊接水平焊缝的一种操作方法。由于熔化金属受重力作用,容易下淌而产生各种缺陷,因此应采用短弧焊接,并选用较小直径的焊条和较小的焊接电流以及适当的运条方法。

推荐对接横焊的焊接参数　　　　　　　表 2-14

焊缝横截面形式	焊件厚度或焊脚尺寸（mm）	第一层焊缝 焊条直径（mm）	第一层焊缝 焊接电流（A）	其他各层焊缝 焊条直径（mm）	其他各层焊缝 焊接电流（A）	盖面焊缝 焊条直径（mm）	盖面焊缝 焊接电流（A）
	2	2	45～55	—	—	2	50～55
	2.5	3.2	75～110	—	—	3.2	80～110
	3～4	3.2	80～120	—	—	3.2	90～120
		4	120～160	—	—	4	120～160
	5～6	3.2	80～120	3.2	90～120	3.2	90～120
				4	120～160	4	120～160
	≥9	3.2	90～120	3.2	90～120	3.2	90～120
		4	140～160	4	140～160	4	120～160
	14～18	3.2	90～120	4	140～160	4	140～160
		4	140～160				
	≥19	—	140～160		140～160		

① I 形坡口的对接横焊。板厚为 3～5mm 时,可采用 I 形坡口的对接双面焊。正面焊接时选用直径 3.2mm 或 4mm 的焊条,施焊时的角度如图 2-19 所示。焊件较薄时,可用直线往返形运条焊接,让熔池中的熔化金属有机会凝固,可以防止烧穿。焊件较厚时,可采用短弧直线形或小斜圆形运条方法焊接,便可得到合适的熔深,焊接速度应稍快些,力求做到均匀,避免焊条的熔化金属过多地聚集在某一点上形成焊瘤和焊缝上部咬边等缺陷,打底焊时,宜选用细焊条,一般选用 3.2mm 的焊条,电流稍大些,用直线运条法焊接。

图 2-19　I 型坡口的对接横焊时焊条的角度

② V 形或 K 形坡口的对接横焊。横焊的坡口一般为 V 形或 K 形,其坡口的特点是下板不开或下板所开坡口角度小于上板,如图 2-20 所示,这样有利于焊缝成形。

图 2-20　横焊时对接接头的坡口形式
a) v 形坡口；b) 单边 V 形坡口；c) k 形坡口

（4）仰焊。仰焊时焊缝位于焊接电弧的上方。焊工在仰视位置进行焊接,仰焊劳动强度大,是最难的一种焊接。由于仰焊时熔化金属在重力的作用下较易下淌,熔池形状和大小不易控制,容易出现夹渣、未焊透和凹陷现象,运条困难,表面不易焊得平整,焊接时,必须正确选用焊条直径和适当的焊接电流,以减少熔池的面积,尽量维持最短的电弧,有利于熔滴在很短的时间内过渡到熔池中去,促使焊缝成形。

①对接接头的仰焊。推荐对接接头仰焊的焊接参数见表2-15。

推荐对接接头仰焊的焊接参数 表2-15

焊缝横截面形式	焊件厚度或焊脚尺寸（mm）	第一层焊缝		其他各层焊缝		盖面焊缝	
		焊条直径（mm）	焊接电流（A）	焊条直径（mm）	焊接电流（A）	焊条直径（mm）	焊接电流（A）
	2	—	—	—	—	2	40～60
	2.5	—	—	—	—	3.2	80～110
	3～5	—	—	—	—	3.2	85～110
						4	120～160
	5～8	3.2	90～120	3.2	90～120	—	—
				4	140～160		
	≥9	3.2	90～120	4	140～160	—	—
		4	140～160				
	12～18	3.2	90～120	4	140～160	—	—
		4	140～160				
	≥19	4	140～160	4	140～160	—	—

a. I形坡口的对接仰焊。当焊件的厚度小于4mm时,采用I形坡口的对接仰焊。应选用直径为3.2mm的焊条,焊条施焊角度如图2-21所示。接头间隙小时可用直线形运条法,接头间隙稍大时可用直线往返形运条法进行焊接,焊接电流选择应适中。若焊接电流太小,电弧不稳,会影响熔深和成形;若焊接电流太大则会导致熔化金属淌落和焊穿等。

b. V形坡口的对接仰焊。当焊件的厚度大于5mm时,采用开V形坡口的对接仰焊,常用多层焊或多层多道焊。焊接第一层焊缝时,

图2-21 I形坡口的对接仰焊

可采用直线形、直线往返形、锯齿形运条方法,要求焊缝表面要平直。在焊接第二层以后的焊缝,采用锯齿形或月牙形运条方法,如图2-22所示。不论采用哪种运条方法焊成的焊道均不宜过厚,焊条的角度应根据每一焊道的位置作相应的调整,以有利于熔滴金属的过渡和获得较好的焊缝成形。

②T形接头的仰焊。推荐T形接头的焊接参数见表2-16。

图 2-22　V 形坡口对接仰焊的运条方法
1-月牙形运条；2-锯齿形运条；3-第一层焊道；4-第二层焊道

推荐 T 形接头的焊接参数　　　　　　　　　表 2-16

焊缝横截面形式	焊件厚度或焊脚尺寸（mm）	第一层焊缝		其他各层焊缝		盖面焊缝	
		焊条直径（mm）	焊接电流（A）	焊条直径（mm）	焊接电流（A）	焊条直径（mm）	焊接电流（A）
	2	2	50~60	—	—	—	—
	3~4	3.2	90~120	—	—	—	—
	5~6	4	120~160	—	—	—	—
	≥7		140~160	4	140~160	—	—
	—	3.2	90~120	4	140~160	3.2	90~120
		4	140~160			4	140~160

T 形接头的仰焊比对接坡口的仰焊容易操作，通常采用多层焊或多层多道焊。当焊脚尺寸小于 8mm 时，宜用单层焊；若焊脚尺寸大于 8mm 时，宜采用多层多道焊。焊条的角度和运条方法如图 2-23 所示，焊接第一层时采用直线形运条法，以后各层可采用斜圆圈形或三角形运条法。若技术熟练，可使用稍大直径的焊条和焊接电流。

图 2-23　T 形接头仰焊的运条方法及焊道排列顺序
a) 直线形运条；b) 斜三角形或圆圈形运条

二、任务实施

1. 施工程序

在任务实施过程中，首先要掌握前纵梁焊接的施工程序，如图 2-24 所示。

图 2-24 前纵梁的焊接施工程序

2. 焊前准备

（1）设备和工具（表 2-17）。

设备和工具　　　　　　　　　　　　　　　表 2-17

设备和工具名称	用 途 说 明
硅整流焊条电弧焊机	前纵梁焊接主要设备。前纵梁钢板厚度 3mm，为保证焊接质量，电弧燃烧稳定，焊缝成形好，选用硅整流焊条电弧焊机 ZXG300。避免烧穿焊件，采用反接法
电焊钳	夹持焊条。选择额定电流 300A 规格
电缆线	传导电流。选择截面面积 $50mm^2$ 规格
等离子切割机	切割前纵梁
清渣锤	清理焊渣
皮带式研磨机	磨除焊接区域的漆膜层、铁锈，打磨毛刺
夹具	夹紧定位前纵梁
空气枪	吹除打磨粉尘、灰尘等杂质
遮盖毯	遮盖非焊接区域，防止焊接飞溅损伤非焊接区域
焊条	填充焊缝。由于选用硅整流焊机，并采用反接法，因此选用碱性焊条

（2）切割前纵梁。将坏损的前纵梁按维修手册要求切割。

（3）磨除焊接部位漆膜、切割表面毛刺等杂质。用打磨机磨除焊接部位的漆膜、锈蚀、切割面毛刺等杂质。在打磨过程中，注意不要打磨过度，以磨除漆膜为目的，不要过多打磨钢板,造成钢板厚度减少,影响钢板力学性能。

切割面毛刺如不清理,焊接金属将围绕毛刺形成焊瘤,可能产生焊接裂纹,形成应力集中,引起龟裂并削弱连接强度,见图2-25。

图 2-25　消除焊瘤保证焊接强度

(4)清除打磨粉尘等杂质。先用空气枪吹除粉尘等杂质,再用清洁的擦拭布蘸清洁剂擦拭被打磨表面,同时用另一块清洁的擦拭布立即将表面擦干。

(5)遮护。对焊接部位附近不需要焊接的表面进行遮护处理,防止焊接飞溅损伤非焊接表面。

3. 前纵梁焊接施工

(1)设置坡口。车身前纵梁横截面为封闭截面,考虑到前纵梁的使用环境,采用插入件对接方式焊接(图2-26),以保证前纵梁承受载荷的能力。插入件的材质和厚度应与前纵梁相似,插入长度15~30mm,并在前纵梁切割的边缘的四个边用定位点焊的方式将插入件固定。为了使前纵梁焊透,根据厚度和工作条件设置Ⅰ形坡口,坡口宽度2~3mm。

图 2-26　插入件对接方式

(2)焊件定位。根据焊件形状,使用合适的夹具定位前纵梁,保证前纵梁的直线度。

(3)焊接工艺参数设定。步骤如下:

①依焊接板件和环境情况设定焊接工艺参数。

②以同样材质和厚度的试板进行试焊。

③观察焊缝情况。

④确认焊接工艺参数是否正确。

⑤重复调整参数直至焊珠符合要求。

(4)定位焊接。将工件接缝对准,对焊接板件实施定位焊接。实施定位焊接可使两片钢板先定位,并且可以减少主焊接产生的热变形。

(5)主焊接。为防止焊接中产生热变形,按分散热量的原则,以合理的顺序焊接每段焊缝。前纵梁对接焊的四个边应同时进行,焊接位置尽量对称。切勿焊接完一整条边,再去焊接另一边,这样会造成较大的焊接变形。

焊接中以稳定的姿势移动,防止焊枪晃动。在焊接每段焊缝时,对准定位焊接点的末端,间断焊接,以焊珠连接定位焊接的点。

为了保证控制热量的积聚,必须进行间断点焊操作,切勿使用连续焊。

①引弧。手工电弧焊的引燃方法是采用接触法。具体应用时又可分为划擦法和敲击法两种。划擦法引弧动作似划火柴,对初学者来说易于掌握,但容易损坏焊件表面。敲击法引弧,由于焊条端部与焊件接触时处于相对静止的状态,若操作不当,容易造成焊条粘住焊件,此时,只要将焊条左右摆动几下就可以脱离焊件。

②运条。电弧引燃后,迅速将焊条提起 2~4mm 进行焊接,焊接时应有 3 个基本动作:

a. 焊条中心向熔池逐渐送进,以维持一定的弧长,焊条的送进速度应与焊条熔化的速度相同,否则会产生断弧或焊条与焊件粘连现象。

b. 焊条的横向摆动,以获得一定的焊缝宽度。

c. 焊条沿焊接方向逐渐移动,移动速度均匀。

③焊缝的起头和收尾。焊缝的起头就是指开始焊接的部分,由于引弧后不可能迅速使这部分金属温度升高。所以起点部分的熔深较浅,焊缝余高较高。为了减少这种现象,可以采用较长的电弧对焊缝的起头处进行必要的预热,然后适当地缩短电弧的长度再转入正常焊接。

焊缝收尾时若操作不当往往会形成弧坑,降低焊缝的强度,产生应力集中或裂纹。为了防止和减少弧坑的出现,焊接时通常采用 3 种方法:

a. 划圈收弧法。适合于厚板焊接的收尾。

b. 反复断弧收尾法。适合于薄板和大电流焊接的收尾。

c. 回焊收弧法。适合于碱性焊条的收尾。

4. 清渣

由于空气对熔池金属的作用,在焊缝表面会形成一层焊渣层,用手锤焊缝表面,使焊渣层脱落,直至露出焊缝金属。

5. 焊接质量检查

在操作中使用直径 2.5mm 碱性焊条,钢板厚度 3mm,焊接质量检查可参考如下标准:

①钢板没有明显变形。

②没有裂纹,没有孔洞,没有咬边。

③没有过多的飞溅。

④焊珠形状比较规则。

⑤焊缝完全填满。

⑥焊珠高度不超过 1.5mm。

⑦焊珠宽度 8mm 左右。

⑧有明显熔深。

6. 研磨焊珠

研磨焊珠余高至前纵梁钢板高度,切勿研磨过度。

7. 焊缝防锈、防腐处理

对焊缝施涂防锈剂、防腐材料,保证前纵梁的使用性能。

三、评价反馈

1. 自我评价

(1) 通过本学习任务的学习你是否已经知道以下问题。

①前纵梁焊接的施工工序是什么?_____
_____。

②焊条电弧焊设备如何选用?_____
_____。

③焊条电弧焊焊接参数如何选用?_____
_____。

(2) 在前纵梁焊接的施工过程中用到了哪些设备?你是否已经知道了这些设备的正确操作技能?

评价:_____
_____。

(3) 实训过程完成情况。

评价:_____
_____。

(4) 工作着装是否规范?

评价:_____
_____。

(5) 能否积极主动参与工作现场的清洁和整理工作?

评价:_____
_____。

(6) 在完成本学习任务的过程中,你是否主动帮助过其他同学?并和其他同学探讨前纵梁焊接的有关问题?具体问题是什么?结果是什么?

评价:_____
_____。

(7) 通过本学习任务的学习,你认为哪些方面还有待进一步改善?

评价:_____

　　　　　　　签名：_____　　____年____月____日。

2. 小组评价

小组评价见表2-18。

小 组 评 价　　　　　　　　　　　　　　　　表2-18

序号	评价项目	评价情况
1	学习态度是否积极主动	
2	是否服从教学安排	
3	是否达到全勤	
4	着装是否符合要求	
5	是否合理规范地使用仪器和设备	
6	是否按照安全和规范的规程操作	
7	是否遵守学习、实训场地的规章制度	
8	是否积极主动地和他人合作、探讨问题	
9	是否能保持学习、实训场地整洁	
10	团结协作情况	

　　　　参与评价的同学签名：_____　　____年____月____日

3. 教师评价

　　　　　　　教师签名：_____　　____年____月____日

学习任务3　后翼子板的对接焊

学习目标

1. 叙述 CO_2 气体保护焊的原理及熔滴过渡形式；
2. 知道 CO_2 气体保护焊的特点，焊机、焊枪、焊条以及气体的功能与使用要求；
3. 分析 CO_2 气体保护焊的工艺参数与焊接缺陷；
4. 根据焊接工艺参数规范完成不同焊接位置的对接焊作业；
5. 正确完成一个典型车身部件（后翼子板）的对接焊操作。

任务描述

以后翼子板的对接焊为例，通过完成该任务，分析 CO_2 气体保护焊对接焊的性质、工艺特性和适用范围，知道对接焊的操作流程，相关设备、工具的运用，能独立完成后翼子板的对接焊的焊接施工，并动作规范，技能达标。

学习引导

本学习任务沿着以下脉络进行学习：

一、相关知识

在汽车车身维修中,为了保证后翼子板对接焊的质量,广泛采用 CO_2 气体保护焊。

1. CO_2 气体保护焊的基本原理

CO_2 气体保护焊是从 20 世纪 50 年代初期发展起来的一种焊接技术,它是一种高效率焊接方法。CO_2 气体保护焊简称 CO_2 保护焊或 CO_2 焊。它采用 CO_2 气体作为保护介质,焊接时 CO_2 把电弧及熔池与空气机械地隔离开来,从而避免了有害气体成分的侵入,以获得质量良好的焊缝。

CO_2 气体保护焊的原理如图 3-1 所示。保护气体 CO_2 从气瓶出来,经管路进入枪体,从喷嘴喷出,形成一个连续而稳定的 CO_2 保护气罩,笼罩着从喷嘴到焊件这一段空间,将此处的空气排走,从而保护气罩内的焊丝、熔滴、电弧、熔池和刚刚凝固而成的焊缝。

图 3-1 CO_2 气体保护焊原理示意图

CO_2 焊接的直流弧焊电源的正极输出端电缆线接在焊枪的导电嘴上,使焊丝末端成为电弧的正极。电源的负极输出端由地线电缆接在焊件上,熔池就成为电弧的负极。可见,从电源的正极——电缆——导电嘴——焊丝——电弧正极——电弧——熔池(电弧负极)——母材——地线电缆——电源的负极,形成一个完整的闭合焊接电路。

焊接时,焊丝从送丝机中送丝辊轮挤压着送入导电嘴,带电之后向电弧输送,焊丝不断地被电弧熔化,又不断得到补充,从而使电弧长度保持相对稳定。焊丝不断地熔化成熔滴落入熔池,凝固形成焊缝。

2. CO_2 气体保护焊的熔滴过渡

CO_2 焊接电弧的两极,一极是焊丝的末端,另一极是母材上的熔池。CO_2 电弧焊是一种熔化电极的焊接法。焊丝除了作为电极起导电作用之外,焊丝末端因接受电弧热量而熔化,在焊丝末端形成熔滴,熔滴由小而大,然后脱落,它穿过电弧空间过渡到熔池中去,与已被熔化了的母材金属共同形成焊缝,整个过程就叫熔滴过渡。

熔滴过渡是熔化极电弧焊接将焊丝这个填充金属输送到母材熔池中去的必须而唯一的

手段。在车身焊接作业中,CO_2气体保护焊使用低电弧电压和小焊接电流,焊接弧长较短,熔滴过渡形式为短路过渡。

(1)短路过渡过程。当进行短弧焊接时,使用小的焊接规范(低电弧电压,小焊接电流),因弧长较短(2~3mm),所以,焊丝末端形成的熔滴在尚未充分长大且未脱落时便与熔池的表面接触,形成电弧两极的短路,在电磁力、熔滴重力和表面张力等的作用下,使熔滴迅速溶入熔池的过程,叫熔滴短路过渡。焊接熔滴的短路过渡,过程虽然很短,但也是由几个阶段演变而成的,图3-2是短路过渡过程的示意图。

图3-2 熔滴短路过渡过程

(2)短路过渡的特征。CO_2焊接熔滴短路过渡时,每过渡一个熔滴,焊接电路发生一次短路,电路就有一次短路电流峰值冲击,熔滴搭建的液体金属小桥发生一次爆断,然后熔滴溶入熔池。所以熔滴过渡时,在外观形态上,就有轻快、均匀、有节奏的"啪!啪!"声响,并伴有一明一暗的弧光闪烁和细小的金属飞溅。

短路过渡的产生条件、形态特征简明归纳如下。

①焊丝特点:细丝,$\phi \leq 1.2mm$。
②焊接规范特点:低电压,小电流。
③弧长特点:短弧(弧长2~3mm)。
④熔滴粒度特点:熔滴细小,直径小于焊丝直径。
⑤电弧燃烧特点:断续燃烧。
⑥弧光特点:电弧一明一暗,有节奏地闪烁。
⑦声响特点:有节奏的"啪!啪!"声,表示过渡频率较高,过渡过程稳定;若是"叭叭"的爆裂声,表示过渡频率较低,过渡过程和电弧燃烧都不稳定。
⑧过渡形态特点:熔滴搭成液态短路小桥。
⑨金属飞溅特点:金属飞溅轻微细小。
⑩应用的特点:金属薄板焊接,全位置焊接。

3. CO_2气体保护焊保护气罩

CO_2气体保护焊使用的焊枪前端喷嘴经设计,能罩住喷出的CO_2气流,在喷嘴前端到焊接表面的区域形成一个CO_2保护气罩,见图3-3。

在焊接电弧未引燃之前,CO_2气流首先从喷嘴喷出,形成保护气罩,然后才引燃电弧。CO_2

气流等焊接结束之后才关闭,使 CO_2 保护气罩能在整个焊接过程中起到保护作用。

图3-3 CO_2 气体保护焊保护气罩
1-母材;2-被排开的空气流;3-形成保护气罩的 CO_2 气流;4-焊丝;5-焊枪喷嘴

4. CO_2 气体保护焊接的特点

(1)焊接效率高,焊接时焊丝熔化速度快,焊缝熔敷系数大。焊接时采用较大的焊接电流,焊丝的电流密度大,焊接导电的细焊丝本身的电阻热比手弧焊焊条芯的电阻热要高。手弧焊熔化焊条药皮,要消耗热量,焊接使用气体保护,不用产生焊渣,没有这部分的热量消耗,所以, CO_2 气体保护焊丝的熔化速度快,焊缝熔敷系数大。

焊接焊丝是自动连续送丝,没有手弧焊换焊条的工作,且 CO_2 气体保护焊缝无焊渣,不用焊后清除焊渣,所以焊接辅助时间少。

(2)焊接质量好。

(3)焊接能耗低。焊接电流密度大,热效率高,所以,焊接相同厚度的焊件时,熔化相同单位的填充金属消耗的电能比手弧焊要少。

(4)焊接应用范围广。

(5) CO_2 气体保护焊是明弧,便于观察。由于焊接电弧是明弧,因此,焊接操作技巧容易掌握,焊缝不易焊偏,不易出现焊接缺陷,易于对焊接过程监控,焊接质量高。

(6)焊工劳动强度低。

(7)产生的烟尘比手弧焊少。

(8)金属飞溅较大。 CO_2 气体在电弧的高温作用下有氧化性,焊接熔池金属中的碳氧化后产生 CO_2,从熔池中逸出产生飞溅。焊接的飞溅比其他弧焊的飞溅要大,金属飞溅是 CO_2 气体保护焊接的固有特点,可以减少,但不能避免。

(9)不能在有风的地方施工。风可以使 CO_2 保护气罩产生,造成气罩倾斜、扭曲、变形,使 CO_2 气体的保护作用受到破坏或完全丧失。

(10)不能焊接易氧化的金属。由于焊接保护气体在电弧的高温作用下,具有强烈的氧化性,所以, CO_2 气体保护焊不能焊接易于氧化的铝、铜等有色金属。

5. CO_2 气体保护焊焊机

(1)焊机基本构成。

①电源。提供可调节电弧电压和焊接电流的直流电。

②供气系统。由气瓶、预热器、干燥器、减压阀、流量计、电磁阀组成。提供稳定的纯净干燥的 CO_2 气流,并具有可调节气体流量的功能。

③焊枪。焊接的执行器,保护气体从焊枪喷出,焊丝也从焊枪输出,焊接电弧在焊枪的喷嘴前产生。

④送丝机构。送丝系统由送丝机、送丝软管、焊丝盘等组成。送丝机由电动机、减速器、校直轮组成。二氧化碳气体保护焊的送丝机有三种形式:推丝式、拉丝式、推拉丝式。

⑤焊接控制系统。按焊接工艺的要求,自动控制协调焊机各组件,使焊接过程稳定进行。

(2)焊机型号。GB 10249—2010《电焊机型号编制方法》中规定,熔化极气体保护焊机的产品符号代码编排顺序表示如下:

① ② ③ ④

前三位用汉语拼音字母表示,第四位用阿拉伯数字表示,它们表示的含义见表3-1。

熔化极气体保护焊机型号代码含义　　　　表3-1

产品名称	第一字母		第二字母		第三字母		第四数字	
	代表字母	大类名称	代表字母	小类名称	代表字母	附注特征	代表字母	系列序号
电弧焊机	N	MIG/MAG 熔化极 惰性/活性 气体保护焊	Z B D U G	自动焊 半自动焊 点焊 堆焊 切割	省略 M C	直流 脉冲 二氧化碳 保护焊	省略 1 2 3 4 5 6	焊车式 全位置焊车式 横臂式 机床式 旋转焊头式 台式 焊机机器人 变位式

6. CO_2 气体保护焊焊机的焊枪

焊枪是焊机的重要部件,按应用方式不同分为半自动式和全自动式;按形状分为鹅颈式与手枪式;按送丝方式可分为推丝式和拉丝式。

在车身维修焊接作业中,应用最广泛的是鹅颈式焊枪。下面主要是对鹅颈式焊枪进行介绍。

(1)焊枪的基本功能。

①输送焊丝。焊枪将从送丝机构传送过来的焊丝输送到电弧区进行焊接。

②传导电流。焊枪将电源输出的焊接电流传导到焊丝末端,形成电弧放电极。

③传导 CO_2 气流。焊枪接收输送过来的 CO_2 气体,形成保护气罩。

(2)焊枪的结构。CO_2 气体保护焊焊枪是以输送焊丝为中心,传导气体为外围的双层管状结构,见图3-4。

(3)焊枪易损件。

图 3-4 焊枪结构示意图

①导电嘴。导电嘴在焊接过程中完成导电和输送焊丝的任务,是极易磨损的部件。为提高使用寿命,应减小焊丝通过导电嘴产生的摩擦,保证导电良好。导电嘴一般用紫铜和铬青铜制造,使用铬青铜制造的导电嘴耐磨性好,使用寿命较长。

②喷嘴。喷嘴工作条件恶劣,既受到电弧的高温烘烤,也受到焊接飞溅颗粒的黏附,这会降低喷嘴的使用寿命,也会使保护气流混乱。CO_2 焊枪使用前,可在喷嘴内外表面涂一层耐高温的硅油,可容易清除飞溅颗粒,保证焊接质量,延长喷嘴使用寿命。

7. 送丝机构

焊接时,送丝机构保证送丝速度均匀,无打滑现象,并且送丝速度能在一定范围内均匀调节,其原理如图 3-5 所示。

图 3-5 送丝机构原理示意图

焊丝从焊丝盘中出来,经校直轮校直后,由送丝滚轮和压紧轮的挤压产生的送丝力,使焊丝进入焊枪的导电嘴并输出,进行焊接工作。送丝的压紧力可以通过调节螺母来调节。图 3-6 为送丝机构。

图3-6 送丝机构

8. CO_2 气体保护焊接供气系统

供气系统向焊枪提供纯净、有一定压力和流量的保护气体,保证焊枪喷嘴能形成稳定的保护气罩。供气系统一般由以下几个部分组成:

(1) CO_2 气瓶。是储存 CO_2 气体的容器,按国家规定,气瓶外表颜色应为银白色,并标注"二氧化碳"字样。瓶内储存的是液态二氧化碳,新灌气的气瓶瓶压约为5MPa。

(2)预热器。也称加热器,对气瓶输出的 CO_2 气体进行加热,补偿液态 CO_2 汽化时吸热和 CO_2 气体体积膨胀时的降温。它可以有效地防止气体管路冻结。预热器的电压根据焊接设备不同其供电电压有36V、110V等,功率为100~150W。

图3-7 预热器、减压器、流量计组合件示意图

(3)减压器和流量计。减压器将气瓶输出的高压气体降至所需的压力,再向外输出。另外,减压器还有压力测量的作用,也称为压力表。流量计能够对 CO_2 气体流量进行测量和调节。

(4)干燥器。用于吸收二氧化碳气中的水分,提纯二氧化碳气。

目前,在使用中为了使气路结构简化,减小体积,降低成本,往往将预热器、减压器和流量计组合到一起成为一个组件,见图3-7。

9. CO_2 气体

CO_2 气体要求纯度大于99%,O_2 含量小于0.1%,含水量小于0.05%,如市售 CO_2 气体含水量高,可进行脱水提纯处理,常用处理方法:

(1)新罐倒立静置1~2h,放水2~3次,每次间隔30min。放水结束后,将气瓶直立复原。

(2)放水处理后,使用前先放气2~3min,放掉气瓶上部的气体,因为这部分气体含有较多的水分和空气。

(3)在焊机供气系统里串入高压干燥器和低压干燥器,进一步减少 CO_2 气体中的水分。

(4)气压低于980kPa,不再使用。气压越低,气体的含水量越高。

10. 焊丝

焊丝在焊接过程中起到电极、传导电流、填充金属等作用,有着很重要的地位。

(1) CO_2 气体保护焊对焊丝的要求。

①保证焊缝具有较高的力学性能。

②应具有优良的焊接工艺性能,如焊接飞溅小、电弧稳定、焊缝不易出现气孔等。

③应具有良好的导电性能。

④应具有一定的硬度和刚性,使焊丝能均匀输送,保证电弧的稳定。

⑤应具有较高的防锈性能。

(2)焊丝的种类。CO_2气体保护焊焊丝主要有两大类:实心焊丝和药芯焊丝。

①实心焊丝即普通焊丝。

②药芯焊丝是将焊丝制成细的管子,在管内装入包含稳弧剂、脱氧剂等的药粉,在焊接过程中解决焊接飞溅大等问题。

(3)焊丝型号和牌号。在车身CO_2气体保护焊接中,一般使用实心焊丝,碳钢CO_2实心焊丝标准型号编制方法如下:

①按焊丝化学成分分类的型号编制法。按焊丝化学成分分类的型号编制法的依据是《熔化焊用钢丝》(GB/T 14957—1994)和《气体保护焊用钢丝》(GB/T 14958—1994)。

按焊丝化学成分分类的型号编制法的型号形式为:

举例1:

②按熔敷金属力学性能分类的型号编制法。按焊丝熔敷金属力学性能分类的CO_2实心焊丝型号编制的依据是《气体保护焊用碳钢、低合金钢焊丝》(GB/T 8110—1995)。

按熔敷金属力学性能分类的型号编制法的型号形式为:

举例2：

举例3：

11. CO_2气体保护焊接工艺参数

焊接工艺参数直接决定着焊接质量和生产效率，工艺参数被确定后，对应的焊接过程就形成了。所以在确定焊接工艺参数时要保证准确，一旦确定就不要随意变更。

(1) 焊丝直径。焊丝直径与焊丝导电的电流密度有关。焊丝直径小，电流密度大，电弧燃烧稳定性高，也会使焊丝熔化速度加快。

焊丝直径与焊件板厚也有关。在选用时，可参考表3-2。

焊丝直径与板厚的关系　　　　　　　　　　　　　　　表3-2

焊丝直径（mm）	0.5~0.8	1.0~1.4	1.6
板厚（mm）	0.8~2.5	2~8	3~12

(2) 焊接电流。焊接电流对母材熔入深度及焊丝的熔化速度有很大影响，另外，对电弧的稳定性和焊接熔渣也有影响。焊接电流越大，熔入深度和焊缝宽度也越大，见图3-8。表3-3为焊接电流与板厚、焊丝直径的关系。

图 3-8　焊接熔深

焊接电流与板厚、焊丝直径的关系　　　　　　　　　表 3-3

焊接电流（A）\ 焊丝直径（mm）	板厚（mm）						
	0.6	0.8	1.0	1.2	1.4	1.6	1.8
0.6	20~30	30~40	40~50	50~60	—	—	—
0.8	—	—	40~50	50~60	60~90	100~120	—
1.0	—	—	—	—	60~90	100~120	120~150

（3）电弧电压。CO_2 气体保护焊接的熔滴过渡形式是短路过渡，弧长较短。电弧的长度由电弧电压决定。电弧电压过高时，电弧长度增大，焊接熔深减小，焊接飞溅大，电弧不稳定，焊缝成扁平状；电弧电压过低时，电弧长度减小，焊接熔深增大，起弧困难，焊缝成狭窄的圆拱状。不同的电弧电压形成的焊缝见图 3-9。

图 3-9　电弧电压与焊缝的形状

（4）焊接速度。焊接返度直接影响焊缝成形，当其他参数不变时，焊接速度增加，会使焊缝熔深、熔宽、余高均减小。

过快的焊接速度，会使填充金属来不及填满边缘被熔化处，从而在焊缝两侧边缘处产生咬边；过慢的焊接速度，会使熔池中的液态金属溢出，流到电弧移动的前面，当电弧移动到此处时，电弧在液态金属表面燃烧，使焊缝熔合不良。

在焊丝直径、电弧电压、焊接电流选定后，焊接速度一般根据焊件的厚度来确定，见表 3-4。

焊接速度与板厚的关系　　　　　　　　表3-4

焊件板厚(mm)	焊接速度(cm/min)
0.8	105~115
1.2	90~100
1.5	80~85

（5）气体流量。CO_2 气体流量的大小决定了保护气罩的范围，影响保护效果。气体流量过低，会有空气侵入，可能使焊缝产生气孔，影响保护效果和焊缝质量；气体流量过高，会产生紊流，破坏保护，反而易产生气孔，增加氧化性，焊接飞溅加大。

在进行车身焊接作业时，气体流量一般选用范围为 8~15L/min。

（6）焊枪倾斜角度。按焊接方向分类，可将焊接方法分为正向焊接和逆向焊接，见图3-10。正向焊接熔深较小，焊缝平整；逆向焊接熔深较大，并会产生大量熔敷金属。在使用两种焊接方法时，焊枪角度都应在 10°~20°之间，见图3-11。

图 3-10　正向焊接和逆向焊接

图 3-11　焊枪倾斜角度

（7）焊枪导电嘴高度。焊枪导电嘴高度一般以 7~15mm 最好，见图3-12。高度越大，保护气体的有效保护范围就越小,保护效果就越差,焊缝易产生气孔;高度越小,保护效果越好,但不能过小,过小的高度会使保护气流冲击熔池和焊件表面,产生强烈反流,干扰保护气罩,降低保护效果,还会使焊枪的导电嘴和喷嘴内黏附许多金属飞溅颗粒,增加送丝阻力和影响保护气体的均匀流出,影响焊接效果。

图3-12 焊枪导电嘴高度

(8)送丝速度。送丝速度较慢时,形成的焊接接头较平扁,焊接的反光亮度增强;送丝速度太快,焊丝不能充分熔化,并产生大量飞溅,焊接的反光为频闪弧光。

12. 焊接方法

按焊枪运动方向分,焊接方法有左向焊法和右向焊法两种。采用右向焊法时,熔池可见度及气体保护效果较好,焊缝成形美观。缺点是焊接时不便观察接缝的间隙,容易焊偏。焊枪与焊件之间的夹角一般为60°~75°。采用左向焊法时,能清楚地看到接缝,不易焊偏,且能获得较大的熔深,焊缝成形比较平整美观。因此,通常都采用左向焊法。

(1)平焊。平焊大多采用左向焊法。薄板平对接焊时,焊枪以直线运动为好。进行长焊缝焊接时,焊枪采用直线往复运动和作微量的摆动,但摆动幅度不宜过大,以免产生气孔,影响气体对熔池的保护作用。在厚板焊接时,焊枪可以适当地摆动或作螺旋形的运动。

(2)立焊。有上焊法和下焊法两种。上焊法由于铁水的重力作用,熔深较深,但焊缝高而窄,成形不良,同时效率低。操作时适当作三角形摆动,可以控制熔宽,并可改善焊缝的成形。下焊法焊缝成形良好,生产效率高,焊接速度快,操作方便,使用最普遍,但熔深较浅,若选择适当的焊接规范,仍能保证焊透。焊接的焊枪一般不作摆动,一般多用于薄板焊接。进行上焊法和下焊法时,焊枪与竖板和面板的夹角为45°~50°,并且应偏离竖板1mm,焊枪与焊缝的夹角为75°~85°。

(3)横焊。横焊多采用左向焊法,焊枪应作适当地前后直线运动,也可作小幅度的往复摆动。焊枪与焊缝水平线的夹角为5°~15°,并且与焊缝的夹角为75°~85°。

(4)仰焊。仰焊宜采用细丝、小电流和短弧焊接,这样能提高焊接的稳定性。CO_2气体流量应比平焊、立焊时稍大一些。薄板件仰焊宜作小幅度的前后直线往复摆动,防止熔池温度过高,液态金属下淌。仰焊时焊枪与竖板间的夹角为45°~50°,并且向焊接方向倾斜5°~10°。

13. 焊接缺陷

(1)焊缝形状尺寸超差。焊缝形状尺寸超差是指焊缝熔宽、余高等焊缝形状尺寸(图3-13)超出了规定值。

图3-13 焊缝的形状尺寸
B-熔宽;a-余高;H-熔深;δ-材料厚度

焊缝高低不平、宽窄不齐和偏离待焊处,不仅外形难看,还影响焊接质量,使焊缝的连接强度降低,应力集中,焊件的使用安全性下降。

焊缝形状尺寸超差的主要原因有：
①装配间隙不均。
②焊接电流过大或过小。
③焊枪喷嘴高度过高。
④焊接速度不均。
⑤操作者不熟练。

(2)烧穿。烧穿是焊接能量过大、热量过高，使焊缝局部温度超过金属熔点，金属熔化，产生金属孔洞或较深的凹坑，见图3-14。烧穿破坏了焊缝的连接作用，应禁止出现。

图3-14 烧穿

产生烧穿的主要原因有：
①焊接电流过大。
②焊接速度过慢。
③焊缝根部间隙过大。
④焊接速度不均。
⑤操作者不熟练。

(3)咬边。咬边产生在焊缝金属与焊件金属的交界处、低于母材表面的凹陷或小槽沟。它是由于母材金属被电弧扫过产生了熔化而流失，使未被填充的金属表面形成了咬边，见图3-15。

图3-15 咬边

产生咬边的主要原因有：
①焊接电流过大，焊接速度过快。
②焊枪倾角不正确。
③电弧电压过高。
④送丝不均匀。

(4)焊瘤。焊瘤是熔池熔化的液态金属流淌到母材未熔化部位或已凝固的焊缝表面，形成金属堆积，见图3-16。焊瘤影响焊缝美观，造成焊缝应力集中，另外，焊瘤底部往往有未焊透的缺陷出现。

图3-16 焊瘤

产生焊瘤的主要原因有：
①焊接电流太大,焊接速度太慢。
②焊接电压过低。
③焊枪倾角不当。
④焊件钢板表面有较厚的锈层。

(5)焊接飞溅过大。焊接飞溅不可避免,但飞溅过大,则视为焊接缺陷。焊接飞溅过大,会污染焊缝表面,浪费焊接材料。另外,还会堵塞喷嘴,影响保护气体的均匀流出。

产生焊接飞溅过大的原因有：
①焊接电压过高。
②导电嘴磨损过度。
③焊丝及焊件表面未清理干净。

(6)未焊透。未焊透发生在焊缝与母材之间,是未能完全熔化的金属或液态金属流动不充分形成的,见图3-17。未焊透处焊缝横截面积减小,并会产生应力集中,降低了焊缝的力学性能,应禁止出现。

产生未焊透的原因有：
①焊接电流过小。
②焊接速度过快。
③电弧电压过高。
④焊枪倾角不当。

(7)气孔。气孔是由存在于焊缝金属中的气体形成的空穴,见图3-18。

内部气孔　　　表层气孔

图3-17 未焊透　　　　　图3-18 气孔

有气体的焊缝处,焊缝有效横截面积减小,力学性能下降。气孔生成的原因是气体溶入熔池液态金属,在熔池温度下降时,液态金属对气体的溶解度下降,因此,气体要从液态金属中析出,析出的气体要从熔池中逸出,在焊缝金属凝固之后,没有逸出的气体存留在焊缝金属中。

产生气孔的主要原因有：
①保护气体纯度不高,混有杂质或水分过多。
②气体流量选择不当。

③喷嘴高度太高。
④焊接的工作环境风速过大。
⑤焊接速度过快。
⑥焊接电压过高。
⑦焊件表面有油污、水、锈等杂质。
⑧喷嘴被堵,保护气体无法送出。

(8)夹渣。夹渣是焊接熔渣夹在焊缝的边缘或两层焊缝之间,见图3-19。夹渣能减小焊缝的有效工作面积,产生应力集中,降低焊缝力学性能,并影响焊缝外观。

图3-19 夹渣

产生夹渣的原因有:
①焊接电流太小,电压太低。
②焊枪倾角不当。
③焊接速度过慢。
④焊丝摆动过大。

(9)裂纹。裂纹是指在焊接过程中或焊接之后,焊件在焊缝或热影响区产生的开裂。主要是由于在焊接应力作用下,焊接裂纹处的金属抵抗不住应力的作用而形成。

产生裂纹的原因有:
①焊件表面有油污、水、锈等杂质。
②焊缝中含 C、S 量过高,含 Mn 量不足。
③焊缝熔深过大。
④收弧方法不当,产生了弧坑裂纹。
⑤焊接装配间隙过大。

二、任务实施

1. 施工程序

在任务实施过程中,首先要正确掌握对接焊的施工程序,如图3-20所示。

图3-20 对接焊施工程序

2. 对接焊前的准备

(1)安全防护。见学习任务1。

(2)设备和工具(表3-5)。

对接焊用设备和工具　　　　　　表3-5

设备/工具名称	主　要　用　途
CO_2 焊机	为 CO_2 焊接主要设备。主要由电源控制箱、焊枪、送丝机构和供气装置组成。电源控制箱承担着提供引弧电流的任务;送丝机构将焊丝以适当的预定速度送至焊区;供气系将气瓶压力经调节器减压并恒定后送给焊枪
皮带式研磨机	焊接前,研磨焊接口部位的漆膜层;焊接后,用于焊接部位的修饰作业
固定夹钳(大力钳)	在焊接钢板、梁件时,用于板件的临时固定
虎钳	夹紧固定
通针	通堵塞的针嘴
锉刀	修整、打磨工具
导电嘴与喷嘴等	焊枪带保护气喷嘴和导电嘴

CO_2 气体保护焊(图3-21)利用焊丝作电极,焊丝由送丝机构通过软管经导电嘴送出。电弧在焊丝与工件之间产生。CO_2 气体从喷嘴中以一定的流量喷出,包围电弧和熔池,从而防止空气对液体金属的有害作用。CO_2 保护焊可分为自动焊和半自动焊。目前应用较多的是半自动焊。

CO_2 保护焊机的焊丝送给和二氧化碳气体的输送都是自动进行的,而沿焊缝的施焊则是手工操作的。它可以使用 $\phi0.6$、$\phi0.8$、$\phi1.0mm$ 的焊丝,对厚度在 0.8~4 mm 的工件(低碳钢、低合金钢、不锈钢等)进行空间全位置的对焊、搭焊、角焊等,并能对铸铁进行补焊。

图3-21 CO_2气体保护焊的焊接装置

(3)磨除焊接部位漆膜等杂质。为了使焊接顺利进行,需用打磨机磨除焊接部位的漆膜、锈蚀等杂质。在打磨过程中,注意不要打磨过度,以磨除漆膜为目的,不要过多打磨钢板,造成钢板厚度减小,影响钢板力学性能。

(4)清除打磨粉尘等杂质。先用空气枪吹除粉尘等杂质,再用清洁的擦拭布沾清洁剂擦拭被打磨表面,同时用另一块清洁的擦拭布立即将表面擦干。

(5)遮护。如图3-22所示,对焊接部位附近不需要焊接的表面进行遮护处理,防止焊接飞溅损伤非焊接表面。

图3-22 遮护

3. 对接焊施工

(1)焊接喷嘴的调整。

①焊丝。如果焊丝的末端形成较大圆珠时,将难以产生电弧,所以必须使用尖嘴钳将焊线末端圆珠剪除,如图3-23c)所示。剪除焊丝末端时,焊枪喷嘴应朝地面方向,如图3-23a)、图3-23b)所示。调整焊丝伸出喷嘴5~8mm。

②喷嘴。如果焊渣附着于喷嘴上,隔离气体将无法正常流动。为保证焊接质量,需清除焊渣,方法为:从焊枪上拆下喷嘴,刮除焊渣,吹除焊渣,安装喷嘴至焊枪,喷涂防焊渣剂于喷嘴上。

③电极。如果焊渣附着于电极末端,则不能平顺地送丝,所以必须使用合适的工具清除焊渣。通常我们用锉刀清除焊渣,如图3-24所示。如果电极孔磨损(图3-25),将无法形成稳定的电弧,为保证焊接质量,必须更换电极。

(2)板件定位。使用大力夹钳定位焊接板件,见图3-26。

(3)焊接工艺参数设定及试焊。步骤如下:

①依焊接板件和环境情况设定焊接工艺参数。

②以同样材质和厚度的试板进行试焊。

③观察焊珠情况。

④确认焊接工艺参数是否正确。
⑤重复调整参数直至焊珠符合要求。

图3-23 用尖嘴钳剪除焊丝末端
a)正确操作;b)错误操作;c)剪除焊线末端圆珠

图3-24 清除电极末端焊渣

图3-25 电极孔磨损

图3-26 板件定位

(4)定点焊接。将工件接缝对准,对焊接板件实施定点焊接。实施定点焊接可使两片钢板先定位,并且可以减少主焊接产生的热变形。焊点间距是板厚的15~30倍,见图3-27。

(5)主焊接。定点焊接的焊珠将整个焊缝分成若干段,为防止焊接中产生的热变形,按分散热量的原则,以合理的顺序焊接每段焊缝,见图3-28。

图 3-27　定点焊接　　　　　　　图 3-28　分段焊接顺序

焊接中以稳定的姿势移动,防止焊枪晃动。在焊接每段焊缝时,对准定点焊接的末端,间断地按焊枪开关,以焊珠连接定点焊接的点,见图 3-29。焊接薄钢板时,必须间断操作焊枪开关,见图 3-30。

图 3-29　前后焊珠的连接

图 3-30　间断操作

(6)焊接质量检查。在操作中使用 0.6mm 焊丝,钢板厚度 0.8mm,焊接质量检查可参考如下标准:

①钢板没有明显变形。

②没有裂纹,没有孔洞,没有咬边。

③没有过多的飞溅。

④焊珠形状比较规则。

⑤焊缝完全填满。

⑥焊珠高度不超过 2mm。

⑦焊珠宽度 6mm 左右。

⑧没有烧穿。

⑨有明显熔深。

⑩熔深直径 2.5~3.0mm。

（7）研磨焊珠。使用研磨机研磨焊珠及焊珠周围区域至钢板表面高度为止，见图 3-31 和图 3-32。

图 3-31　研磨焊珠　　　　　　　　　　图 3-32　焊珠研磨情况

（8）施涂防锈剂。在焊接过程中，焊接热量会损伤焊接钢板背面的防锈层，为保证钢板以后的使用性，需在焊接部位的背面施涂防锈剂，见图 3-33。此程序在涂装作业后实施。

图 3-33　施涂防锈剂

三、评价反馈

1. 自我评价

(1)通过本学习任务的学习你是否已经知道以下问题。

①对接焊的施工程序。_____
_____。

②CO_2气体保护焊接设备的组成及工作原理。_____
_____。

③焊接参数的选择。_____
_____。

④焊接缺陷的原因分析及防治措施。_____
_____。

(2)在对接焊的施工过程中用到了哪些设备？你是否已经知道了这些设备的正确操作技能？

评价：_____
_____。

(3)实训过程完成情况。

评价：_____
_____。

(4)工作着装是否规范？

评价：_____
_____。

(5)能否积极主动参与工作现场的清洁和整理工作？

评价：_____
_____。

(6)在完成本学习任务的过程中，你是否主动帮助过其他同学？并和其他同学探讨对接焊的有关问题？具体问题是什么？结果是什么？

评价：_____
_____。

(7)通过本学习任务的学习,你认为哪些方面还有有待进一步改善?
评价:_____
_____。

　　　　　　　　　　签名:_____　　　____年____月____日

2. 小组评价

小组评价见表3-6。

小　组　评　价　　　　　　　　表3-6

序号	评价项目	评价情况
1	学习态度是否积极主动	
2	是否服从教学安排	
3	是否达到全勤	
4	着装是否符合要求	
5	是否合理规范地使用仪器和设备	
6	是否按照安全和规范的规程操作	
7	是否遵守学习、实训场地的规章制度	
8	是否积极主动地和他人合作、探讨问题	
9	是否能保持学习、实训场地整洁	
10	团结协作情况	

　　　　参与评价的同学签名:_____　　　____年____月____日

3. 教师评价

_____
_____。

　　　　　　　　　　教师签名:_____　　　____年____月____日

学习任务 4　车厢地板的搭接焊

学习目标

1. 叙述搭接焊焊接的使用范围；
2. 知道消除焊接应力，CO_2 气体保护焊定位焊接操作的注意事项；
3. 分析搭接焊操作中焊接工艺参数，焊缝破坏性试验检测标准；
4. 根据搭接焊操作流程规范完成各位置搭接焊作业；
5. 正确完成一个典型车身部件(车厢地板)的搭接焊操作。

任务描述

以车厢地板搭接焊为例，通过完成该任务，分析 CO_2 气体保护焊搭接焊的性质、工艺特性及适用范围，知道搭接焊的操作流程，相关设备、工具的运用，能独立完成车厢地板搭接焊的施工焊接，并动作规范，技能达标。

学习引导

本学习任务沿着以下脉络进行学习：

一、相 关 知 识

1. 搭接焊

车厢地板搭接焊采用 CO_2 气体保护焊焊接方法作业。与对接焊不同,这种焊接是将两块板件在搭接部边缘熔化焊接起来。在车身修理中,一般只用于代替原来存在的焊缝,或只是外围板件和非结构性板件。搭接焊不得连续完成,应分步按顺序进行,以防止焊接热量蓄积,影响焊接质量。

2. 焊接工艺参数

(1)焊枪倾角。搭接焊的焊缝为一种填角,焊条与焊接方向之间的角度一般取75°~85°。焊接时,焊条与下板表面之间的角度应随下板的厚度增加而增大,见图4-1。

图4-1 焊枪角度
a)上板比下板厚;b)上板与下板一样厚;c)上板比下板薄

(2)其他参数。CO_2 气体保护焊搭接焊的其他焊接工艺参数可参考学习任务3中"一、相关知识"下的"11. CO_2 气体保护焊焊接工艺参数"。

3. CO_2 气体保护焊定位焊

焊前为装配和固定焊件上的接缝位置进行的焊接操作称为定位焊。定位焊形成的短小而断续的焊缝称为定位焊缝。通常定位焊缝都比较短小,且焊接过程中都不去掉,而成为正式焊缝的一部分保留在焊缝中,因此定位焊缝质量的好坏、位置、长度和高度等是否合适,将直接影响正式焊缝的质量及焊件的变形。生产中发生的一些重大质量事故,如结构变形大,出现未焊透及裂纹等缺陷,往往是定位焊不合格造成的,因此对定位焊必须引起足够的重视。

焊接定位焊缝时必须注意以下几点:

(1)必须按照焊接工艺规定的要求焊接定位焊缝。如采用与工艺规定同牌号、同直径的焊丝,用相同的焊接参数施焊;若工艺规定焊前需预热,焊后需缓冷,则焊接定位焊缝前也要预热,焊后也要缓冷。

(2)定位焊必须保证熔合良好,余高不能太高,焊缝的起头和收弧处应圆滑过渡,不能太陡,防止焊缝接头时两端焊不透。

(3)定位焊缝的长度、余高和间距见表4-1。

(4)定位焊缝不能位于焊缝交叉处或焊缝方向发生急剧变化的地方,通常至少应离开这些地方50mm。

(5)为防止焊接过程中焊件裂开,应尽量避免装配,必要时可增加定位焊缝的长度,并减小定位焊缝的间距。

(6)定位焊后必须尽快焊接,避免中间停顿时间过长,定位焊用焊接电流比正常焊接电流大 10% ~ 15%。

定位焊缝的参考尺寸　　　　　　　　表 4-1

焊件厚度(mm)	定位焊缝余高(mm)	定位焊缝长度(mm)	定位焊缝间距(mm)
≤4	<4	5 ~ 10	50 ~ 100
4 ~ 12	3 ~ 6	10 ~ 20	100 ~ 200
>12	>6	15 ~ 30	200 ~ 300

4. 焊缝破坏性试验检测标准

在焊接施工中我们已经进行了焊接质量检查,主要是从焊缝的外观来判断焊接质量,属于非破坏性检测,这种检测方法适合已成形的焊缝,不能被再破坏。

破坏性试验检测方法适用于焊件试焊时使用,通过检测结果调整焊接工艺参数。对于车厢地板搭接焊,需检测搭接焊缝和塞焊焊疤,检测标准如下:

搭焊撕裂后工件上必须有与焊疤长度相等的孔。

塞焊扭曲破坏后下面工件上必须有直径不小于 10mm 的孔。

5. 搭接焊焊接位置

(1)平焊。在进行搭接焊平角焊时,容易产生未焊透、焊偏、咬边等缺陷,特别是上面的板件边缘容易受电弧高温熔化而产生咬边。为了避免这些缺陷出现,焊接时必须选择合适的焊接角度和运条方法,焊丝与下板表面的角度随下板厚度的增大而增大,使电弧偏向厚板一边,让两板受热温度均匀一致。

当焊脚尺寸较小时,可用单层焊,采用直线形或斜圆形运条方法。焊接时采用短弧,防止产生焊偏及上板边缘咬边。当焊脚尺寸较大时,可用两层两道焊,焊第一层时,采用直线形运条法,必须将角顶焊透,以后各层采用斜圆形运条法,防止产生焊偏及咬边等现象。

(2)立焊。搭接焊立焊容易产生的焊接缺陷是角顶不易焊透,搭焊板件边缘容易产生咬边。为了避免这个缺陷的出现,焊丝在焊缝两侧应稍作停留,电弧的长度应尽可能地缩短,焊条摆动幅度应不大于焊缝宽度。

向上立焊时,焊枪通常情况下都进行摆动。对于焊脚尺寸较小的情况,摆动幅度要小,用锯齿形运条方法向上移动焊丝。此时热量较集中,容易产生过多的熔化金属,焊丝应快速向上移动。对于焊脚尺寸较大的情况,可用月牙形运条方法,在两侧稍作停留,以防止咬边。采用月牙形走枪方法时,月牙形状应向上弯曲,避免产生熔化金属流淌和咬边。

向下立焊时,熔池金属容易向下流淌,焊接时应注意熔池的温度,尽量采用小的焊接参数,并使用短电弧,焊脚不大时焊丝一般只作直线移动,利用电弧的吹力将熔池金属推上去。此种方法较难控制,操作不熟练者尽量不要使用。

(3)仰焊。搭接焊仰焊时,主要是注意熔池金属下滴和角顶不宜焊透,尽量选择小电流焊接,电弧长度也要最短,焊缝形成后立即移动焊丝。当焊脚尺寸较小时,宜采用单层焊,若焊脚尺寸较大时,宜采用多层多道焊。

6. 捶击法消除焊接应力

焊缝完成后，焊缝冷却的同时，对焊缝及周边区域进行捶击可减小焊接残余应力。捶击用的锤子质量一般为 0.5kg 左右，锤的尖端带有 5mm 左右的圆角，捶击时，焊缝的温度应在 100～500℃ 范围内，但应避开 200～300℃ 温度区进行捶击。多层焊中，除了第一层和最后一层不捶击外，其他每层都要捶击。第一层不捶击的原因是防止引起根部裂纹，最后一层焊缝一般也不进行捶击。捶击时，应保持均匀、适度，避免捶击过度产生裂纹。

二、任 务 实 施

1. 施工程序

在任务实施过程中,首先要正确掌握车厢地板搭接焊的施工程序,如图 4-2 所示。

图 4-2 车厢地板搭接焊施工程序

2. 搭接焊前的准备

(1)安全防护。见学习任务 1。

(2)设备工具。此任务所需设备和工具见表 4-2。

设 备 和 工 具　　　　　　　　　　　　　　　　　　表 4-2

设备和工具名称	用 途 说 明
CO_2 气体保护焊机	焊接车厢地板的主要设备
气动切割锯	用于切割钢板
等离子切割机	用于切割钢板
打孔器	用于塞焊打孔
皮带式打磨机	打磨焊接区域漆膜、铁锈、毛刺;打磨修整焊缝
夹具	夹紧定位钢板
划针	用于切割钢板划线
色笔	用于画线
直尺卷尺	切割钢板时,用于测量尺寸,确定切割位置
遮盖毯	遮盖非焊接区域,避免非焊接区域的车身部件损伤

(3)切割焊接板件。根据焊接板件形状和要求,切割焊接板件。注意:切割时,需留出必要的余量,以保证从切割切口产生的热量不会影响到焊接部位。

切割时,更应注意不要破坏车身的加强部件,车厢地板的加强部件直接影响着车厢地板的承载能力,是主要受力部件。切割线不要经过车厢地板上的孔形结构,车厢地板的孔形结构一般用作车身测量校正的测量孔,以及车身附属部件的安装孔,如果孔形结构受到破坏,将对车身测量和安装工作带来不便。

(4)钻塞焊孔。为了加强车厢地板搭接焊缝的强度,须在搭接重叠区域进行塞焊。钻孔时,注意钻孔形成的毛边应向外,如果形成的毛边向内,在塞焊孔附近会形成间隙,影响塞焊的质量。

结构性板件上的塞焊孔径建议取8mm,非结构性板件塞焊孔取5mm。

(5)打磨焊接区域。用打磨机清除焊接区域漆膜、铁锈,磨除切割毛刺。

(6)清除粉尘等杂质。清除切割、打磨粉尘、铁锈等杂质,再用清洁的擦拭布蘸清洁剂擦拭被打磨表面,同时用另一块清洁的擦拭布立即将表面擦干,注意焊接部位的清洁度。

(7)遮护。搭接焊部位附近不需要焊接的表面进行遮护处理,防止焊接飞溅损伤非焊接表面。

3. 搭接焊接施工

(1)焊接喷嘴的调整。可参考学习任务3中"二、任务实施"下的"(1)焊接喷嘴的调整"。

(2)板件定位。按搭接焊要求,使用大力夹钳定位焊接板件,两板重叠部分的长度至少为两板厚度之和的2倍。注意要使后部地板搭接在前板上,汽车下部的地板的边缘总是向后方。这样,从前向后运动的道路飞溅物会从底部边缘流出而不会迎面撞上,见图4-3。

图4-3 搭接焊板件定位

(3)焊接工艺参数设定。可参考学习任务3中"二、任务实施"下的"(3)焊接工艺参数设定及试焊"。

(4)搭接焊定位焊接。对焊接板件实施定点焊接。实施定位焊接可使两片钢板先定位,并且可以减少主焊接产生的热变形,见图4-4。

焊接时,将电弧引入下层的金属板,并使熔融金属流入上层金属板的边缘。焊缝余高小于4mm,焊缝的起头和收弧处应圆滑,过渡不能太陡,防止焊缝接头时两端焊不透。定位焊缝长度5mm左右,焊缝间距50mm左右。

(5)搭接焊主焊接。定位焊将整个焊缝分成若干段,为防止热变形,主焊接时,应按合理的顺利焊接每段焊缝。

图4-4 定点焊接

①引弧。按下焊枪上的控制开关,焊机自动提前送气,延时接通电源,保持高电压,慢送丝,当焊丝碰撞焊件短路后,自动引燃电弧。短路时,焊枪有自动顶起的倾向,所以在引弧时要稍用力下压焊枪,防止焊枪抬起太高、电弧太长而熄灭。

②运条。车厢地板搭接焊有上、下两条焊缝,根据焊缝的位置,分别为平焊和仰焊。

平焊时,容易在上板边缘产生咬边,也容易产生焊偏,造成未焊透。所以,要掌握好焊接角度和运条方法,焊枪与下板表面的角度应偏向板厚的一侧,地板钢板比较薄,使用直线运条法进行单层焊接,见图4-5。

图4-5 搭接焊主焊接

仰焊时,熔化金属在重力作用下,容易流下,熔池形状和位置不易控制,容易出现未焊透、凹陷缺陷,表面不易焊得平整。焊接时,必须正确选择焊接电流,减少熔池面积,尽量维持最短的电弧,有利于熔滴在很短的时间内过渡到熔池中,促使焊缝成形。

③收弧。焊接结束前须收弧,若收弧不当,容易产生弧坑并出现裂纹、气孔等缺陷。操作时可采取以下措施:

a. 焊机带有弧坑控制电路,焊枪在收弧处停止前进,同时接通此电路,焊接电流与电弧电压自动变小,待熔池填满时断电。

b. 若焊机没有弧坑控制电路,或因焊接电流小没有使用弧坑控制电路时,在收弧处焊枪停止前进,并在熔池未凝固时,反复断弧、引弧几次,直到弧坑填满为止。操作时动作要快,若熔池已凝固才引弧,则可能产生未熔合、气孔等缺陷。

无论采用哪种方法收弧,操作时均需特别注意。收弧时,焊枪除停止前进外,不能抬高喷嘴,即使弧坑已填满,电弧已熄灭,也要让焊枪在弧坑处停留几秒后才能移开,因为灭弧后,控制电路仍延迟送气一段时间,以保证熔池凝固时能得到可靠的保护,若收弧时抬高焊枪,则容易因保护不良引起缺陷。

④焊接应力与变形的处理。在进行搭接焊主焊接时,采用了合理的焊接顺序,在一定程度上减少了焊接应力和焊接变形。但地板焊接焊缝较长,更容易产生焊接变形,除了采用合理的焊接顺序外,还需要在每焊完一道焊缝后,在焊缝冷却的同时锤击焊缝及周边区域,减小焊接残余应力,从而减少钢板的变形。

(6)塞焊。搭接焊缝完成后,为了加强焊缝的力学性能,一般还需在搭接区域中沿搭接的边缘进行塞焊,见图4-6。

塞焊孔径为8mm,焊接时产生的焊接热量也较大,为了使焊缝上热量分布均匀,在焊接时采用合理的焊接顺序预防焊接变形。塞焊位置为仰焊位置,孔径较大,从孔边缘区域引弧,焊枪移动速度要快,以防熔化金属下滴,并保持较低的焊接弧长。移动速度要均匀、合适,否则容易出现塞焊孔未填满、塞焊表面不平整现象。

图4-6 塞焊搭接

4. 焊接质量检查

在操作中使用0.6mm焊丝,钢板厚度1mm,焊接质量检查可参考如下标准:

(1)搭接焊缝。

①钢板没有明显变形。

②没有裂纹,没有孔洞,没有咬边。

③没有过多的飞溅。

④焊珠形状比较规则。

⑤焊缝完全填满。

⑥焊缝长度25~38mm。

⑦焊缝宽度5~10mm。

⑧没有烧穿。

⑨背面焊疤宽度0~5mm。

(2)塞焊焊疤。

①正面焊疤直径10~13mm。

②背面焊疤直径0~10mm。

③塞焊孔被填满。

④焊疤没有孔洞或焊渣。

⑤余高小于3mm。

图 4-7　焊缝部位处理

5. 焊缝部位处理

根据地板焊缝的使用环境,需对焊缝进行防锈、防腐、密封处理。在搭接焊缝区域施涂底漆、薄层保护层及外涂层,见图 4-7。

底漆有助于保护层黏合,外涂层起保护作用,保证没有一氧化碳通过接缝进入乘员舱。

三、评价反馈

1. 自我评价

(1)通过本学习任务的学习你是否已经知道以下问题。

①车厢地板搭接焊的施工程序。_____
_____
_____。

②搭接焊焊接参数的选择。_____
_____
_____。

(2)在车厢地板搭接焊的施工过程中用到了哪些设备？你是否已经知道了这些设备的正确操作技能？

评价：_____
_____
_____。

(3)实训过程完成情况。

评价：_____
_____
_____。

(4)工作着装是否规范？

评价：_____
_____
_____。

(5)能否积极主动参与工作现场的清洁和整理工作？

评价：_____
_____
_____。

(6)在完成本学习任务的过程中，你是否主动帮助过其他同学？并和其他同学探讨搭接焊的有关问题？具体问题是什么？结果是什么？

评价：_____
_____
_____。

(7)通过本学习任务的学习，你认为哪些方面还有有待进一步改善？

评价：_____
_____
_____。

签名：_____　　　_____年_____月_____日

2. 小组评价

小组评价见表4-3。

小 组 评 价 表4-3

序号	评价项目	评价情况
1	学习态度是否积极主动	
2	是否服从教学安排	
3	是否达到全勤	
4	着装是否符合要求	
5	是否合理规范地使用仪器和设备	
6	是否按照安全和规范的规程操作	
7	是否遵守学习、实训场地的规章制度	
8	是否积极主动地和他人合作、探讨问题	
9	是否能保持学习、实训场地整洁	
10	团结协作情况	

参与评价的同学签名：_____　　　____年____月____日

3. 教师评价

_____

_____。

教师签名：_____　　　____年____月____日

学习任务 5　后翼子板的塞焊

学习目标

1. 叙述塞焊在车身维修中的作用与焊珠形成；
2. 知道塞焊施工的操作规程和注意事项；
3. 分析塞焊的工作原理和调试方法；
4. 根据钢板的不同厚度规范完成焊接参数的设定和质量检验作业；
5. 正确完成一个典型车身连接部位的塞焊作业。

任务描述

以车身后翼子板的更换修复为例，通过完成该任务，分析塞焊的工艺特性和适用范围，知道塞焊的操作流程以及相关设备、工具的运用，能独立完成维修作业中的塞焊施工。

学习引导

本学习任务沿着以下脉络进行学习：

一、相 关 知 识

1. 塞焊的作用

在车身修复过程中,塞焊用来代替汽车制造时所用的电阻点焊。塞焊焊接后的接头具有足够的强度来承受各结构件的载荷。塞焊还可用于装饰件的外部板件和其他金属薄板上。

2. 塞焊的焊珠形成

塞焊是焊接的一种方式,在车身维修作业中,所使用的设备一般为 CO_2 气体保护焊机。塞焊熔滴的形成过程可参考学习任务3中关于"熔滴过渡"的内容。

塞焊是通过一个孔进行焊接,塞焊之前需要先在外侧焊板上钻出或冲出孔来。焊接时应将两焊板夹紧,焊枪应垂直于焊板正面,将焊丝插入孔内,短暂地按下扳机开关激发电弧,然后松开扳机,使熔冷却凝固,也可以设定开关时间,以保证每个塞焊点熔池形成的焊珠均匀。

3. 塞焊注意事项

(1)一定要让焊接深入到下面的金属板,在金属板下面的半球形隆起,表明有适当的焊接熔深。

(2)间断的塞焊会在金属表面上产生一层氧化物薄膜,从而形成气泡。如果发生这种情况,可用钢丝刷来清理氧化物薄膜。在进行一个孔的焊点塞焊时要求一次完成,避免二次焊接。

(3)塞焊过的部位应该自然冷却,不能用水或压缩空气对焊点周围进行强制冷却。让其缓慢、自然冷却,可以减少金属板的变形,并使金属板保持原有的强度。

4. 多层板件的塞焊

当使用塞焊将两个以上的金属板焊接在一起时,应在每一层金属板上冲一个孔(最下面的金属板除外)。每一层金属板的塞焊孔直径应小于最上层金属板塞焊孔的直径。采用塞焊法焊接不同厚度的金属板时,应将较薄的金属板放在上面,并在较薄的金属板上钻较大的孔,这样可以保证较厚的金属板能首先熔化。

5. 高质量塞焊的条件

(1)调整适当的时间、电流、温度。

(2)把各工件紧密地固定在一起。

(3)焊丝与被焊接的金属相熔。

(4)底层金属应首先熔化。

(5)夹紧装置必须位于焊接位置的附近。

二、任务实施

1. 施工程序

在任务实施过程中,首先要正确掌握后翼子板塞焊的施工程序,如图 5-1 所示。

图 5-1 塞焊施工程序

2. 焊接前的准备

(1) 安全防护。见学习任务 1。

(2) 设备工具。此任务所需设备和工具见表 5-1。

设 备 和 工 具　　　　　　　　　　表 5-1

设备和工具名称	用 途 说 明
CO_2 气体保护焊机	搭接焊主要设备
气动切割锯	用于切割钢板
气动钻	用于塞焊打孔
打孔器	用于塞焊打孔
皮带式打磨机	打磨焊接区域漆膜、铁锈、毛刺;打磨修整焊缝
夹具	夹紧定位钢板
划针	用于切割钢板划线
色笔	用于画线
直尺卷尺	切割钢板时,用于测量尺寸,确定切割位置
遮盖毯	遮盖非焊接区域,避免非焊接区域的车身部件损伤

(3) 切割焊接板件。根据焊接板件形状和要求,切割需更换后翼子板。

(4) 钻塞焊孔(图 5-2)。塞焊应完全按原有的点焊点的数量和尺寸进行,钻出或冲出的孔不应大于原点焊熔核的直径。后翼子板为非结构性板件,取塞焊孔径 5mm。钻孔时,注意钻孔形成的毛边应向外,如果形成的毛边向内,在塞焊孔附近会形成间隙,影响塞焊的质量。

图 5-2　塞焊钻孔

外围装饰板件的塞焊孔径通常为 5mm,对于装饰板件如果孔径过大后面的打磨工作量很大,但这个孔径对结构件上的塞焊孔是不够的。为满足强度要求,大多数结构件上的塞焊孔径应为 6~8mm。结构性板件上的塞焊孔径建议取 8mm,非结构性板件塞焊孔取 5mm。

(5)打磨焊接区域。用打磨机清除焊接区域漆膜、铁锈,磨除切割毛刺。

(6)清除粉尘等杂质。清除切割、打磨粉尘、铁锈等杂质,再用清洁的擦拭布蘸清洁剂擦拭被打磨表面,同时用另一块清洁的擦拭布立即将表面擦干,注意焊接部位的清洁度。

(7)遮护。塞焊部位附近不需要焊接的表面进行遮护处理,防止焊接飞溅损伤非焊接表面。

3. 焊接施工

(1)焊接喷嘴的调整。见学习任务 3 中"二、任务实施"下"(1)焊接喷嘴的调整"。

(2)板件定位。

①把更换的后翼子板装配到车身上,调整新板件与周围板件的配合,将新板件与车身原有板件两块钢板叠加一起并定好它们的位置,见图 5-3。

图 5-3　板件定位

②从孔中观察两块钢板之间是否有间隙。如果钢板间有间隙,则使用手锤和手顶铁修正钢板的变形,或使用大力夹钳夹紧孔口周围,以防止产生任何间隙。

(3)焊接参数设定。可参考学习任务 3 中"二、任务实施"下的"(3)焊接工艺参数设定及试焊"。

(4)塞焊。

①将焊枪竖立起来,焊枪与板件的角度基本成 90°,见图 5-4。

②调整好焊接姿势,保证能够斜向观察焊枪的末端,见图 5-5。

图 5-4 焊枪竖立状

图 5-5 焊接姿势

③填满每个塞焊孔。对于较小孔径,直径约 5mm,见图 5-6。

a. 将焊线对准孔的中央。

b. 扳动焊枪开关。

c. 填满孔口。

d. 松开焊枪开关。

对于较大孔径,直径约 8mm,见图 5-7。

a. 将焊线对准孔的边缘。

b. 扳动焊枪开关。

c. 沿孔口周围缓慢移动焊枪,填满孔口。

d. 松开焊枪开关。

图 5-6 较小孔填孔操作图

图 5-7 较大孔填孔操作

焊接效果见图 5-8。

(5)焊接质量检查。对于 0.8mm 钢板,0.6mm 焊丝,5mm 塞焊孔,质量检查可参考如下标准:

①没有裂纹。

②孔没完全填满。

③没有咬边。

④焊珠高度不超过 2mm。

⑤焊珠宽度 8mm。
⑥无烧穿。
⑦有明显熔深。
⑧熔深直径 2.5~3.0mm。

图 5-8　塞焊焊接效果

(6) 研磨焊珠。利用皮带式砂轮机对焊珠进行研磨,见图 5-9。焊珠研磨到与周围平齐为止,见图 5-10。

图 5-9　研磨焊珠

图 5-10　研磨效果

三、评 价 反 馈

1. 自我评价

(1) 通过本学习任务的学习你是否已经知道以下问题。

①塞焊的施工程序。_____
_____
_____。

②塞焊的作用。_____
_____
_____。

③塞焊的特点。_____
_____
_____。

(2) 在塞焊的施工过程中用到哪些设备?你是否已经知道了这些设备的正确操作技能?

评价:_____
_____
_____。

(3) 实训过程完成情况。

评价:_____
_____
_____。

(4) 工作着装是否规范?

评价:_____
_____
_____。

(5) 能否积极主动参与工作现场的清洁和整理工作?

评价:_____
_____
_____。

(6) 在完成本学习任务的过程中,你是否主动帮助过其他同学?并和其他同学探讨铝合金板 MIG 焊的有关问题?具体问题是什么?结果是什么?

评价:_____
_____
_____
_____。

(7)通过本学习任务的学习,你认为哪些方面还有有待进一步改善?

评价:_____

_____

_____。

签名:_____   ____年____月____日

2. 小组评价

小组评价见表5-2。

小组评价　　　　　　　　　　　　　　　　　　表5-2

序号	评价项目	评价情况
1	学习态度是否积极主动	
2	是否服从教学安排	
3	是否达到全勤	
4	着装是否符合要求	
5	是否合理规范地使用仪器和设备	
6	是否按照安全和规范的规程操作	
7	是否遵守学习、实训场地的规章制度	
8	是否积极主动地和他人合作、探讨问题	
9	是否能保持学习、实训场地整洁	
10	团结协作情况	

参与评价的同学签名:_____   ____年____月____日

3. 教师评价

_____

_____。

教师签名:_____   ____年____月____日

学习任务 6　车身钣金件的电阻点焊

学习目标

1. 叙述电阻点焊的焊接原理、类型及特点；
2. 知道挤压式电阻点焊机的基本构成，不同材质的点焊方法；
3. 分析电阻点焊常见质量问题及原因，焊接工艺参数对焊点质量的影响；
4. 根据钢板的不同厚度规范完成电阻点焊机的检查和调整，焊接参数的设定与试焊及质量检验作业；
5. 正确完成一个典型车身钣金件连接部位的电阻点焊。

任务描述

以轿车车身的焊接为列，通过完成该任务，分析电阻点焊的工艺特性和适用范围，知道点焊的操作流程以及相关设备、工具的使用，能独立完成车身钣金件的电阻点焊。

学习引导

本学习任务沿着以下脉络进行学习：

一、相 关 知 识

电阻点焊是利用焊钳两极之间低电压大电流流过两块金属产生的电阻热和焊接压力来实现金属板材的焊接,简称点焊。点焊在国外汽车车身维修中应用非常广泛,因其与汽车制造过程中的整体式车身焊接方法相同,可以最大限度地保证维修质量,大有取代氧—乙炔焊、手工电弧焊的趋势,但在国内点焊用于汽车车身维修才刚刚开始。

电阻点焊在汽车生产中应用最多,一般卡车的车身焊接点数为 3500～4500 点,轿车为 8000～12000 点,厢式汽车(面包车、客货两用车)为 8000～10000 点。

挤压式电阻点焊非常适合于高强度的车身和承载式车身许多薄板件的焊接,因为这些板件要求使用高强度和不变形的焊接方法。

目前许多汽车制造厂在汽车的随车维修手册中都特别指出要求用挤压式电阻点焊来修理承载式汽车车身的许多地方,包括门槛、散热器支座、车窗和车门框、车顶板、外围板等。

1. 电阻点焊的焊接原理

将准备连接的工件置于两电极之间加压,并对焊接处通以较大电流,利用工件电阻产生的热量加热并形成局部熔化(或达塑性状态),断电后在压力继续作用下,形成牢固接头。这种焊接工艺过程就称为电阻点焊。

电阻点焊工作的循环过程包括:预压时间、焊接时间、保持时间、休止时间。

当电流通过导体时,能使导体发热,其发热量由焦耳—楞次定律决定:

$$Q = 0.24 I^2 R t$$

其中:

$$R = 2R_{工件} + R_{工件接触电阻} + 2R_{电极与工件接触电阻}$$

$$R_{工件} = \rho \frac{L}{F}$$

电阻率低的材料(如铜、铝及铝合金),发热量就小,应选用大功率的焊机。

电阻点焊的三个要素为:

(1)压力。两钢板之间的焊接机械强度与焊枪电极施加在两钢板上的力有直接关系。当焊枪电极将两钢板挤压到一起,电流流入母材金属,使金属熔化并熔合在一起。焊枪电极压力太大会引起焊点过小,焊点熔池过深产生变形,不能达到焊接质量,降低焊接部位的机械强度;压力过小则会使焊合部出现裂纹和气孔,不能达到焊接强度。

(2)电流。两钢板加压后,电流流过焊接电机再流入母材金属,在金属接合处,温度迅速上升,电极的接触处,必须可靠,表面应清理干净,以保证正常的电流通过。随着电流不断流过,金属熔化并熔合在一起。电流和施加在点焊部位的压力相互关联。

(3)加压时间。加压时间是一个非常重要的因素。实际的加压时间不可少于使用说明书上的规定值。轿车车身因为铁皮较薄,焊接时间不宜过长,通常不超过 0.5s。

在使用挤压式电阻点焊机时,压力、电流和加压时间这 3 个参数必须都恰当才能获得稳定、满意的焊接质量。

2. 挤压式电阻点焊机的基本构成

挤压式电阻点焊机(图6-1)的部件包括焊接变压器、控制器及带有可以互换的电极臂和电极头的焊枪(焊炬)。

可更换组合点焊电极臂(图6-2)用于焊接难以到达的部位,如轮槽凸缘、雨檐、尾灯孔、车厢地板、门槛、门窗孔等部位。挤压式电阻点焊机电极头通常以铜作为基本金属。电极头的作用是将焊接电流传导至焊接件上,同时又作为对焊接部位施加挤压力的工具。

图6-1 挤压式电阻点焊机

图6-2 组合点焊电极

(1)变压器。变压器就是将220V或380V的电源电压(初级电压),转变成为只有2V或5V的次级电压,避免高电压电流焊接时可能造成的人身电击伤害。小型点焊机的变压器一般连接在焊枪上,常用的点焊机的变压器一般安装在主机上,通过电缆与焊炬连接,安装在焊炬上的变压器电效率高,变压器与焊炬之间的焊接电流消耗较少,焊炬与变压器分离的点焊机的变压器功率必须大,而且还要使用较大的电流,以补偿变压器与焊炬之间的电缆电阻所造成的电力能耗,当使用加长型电极臂时,高电流也会因臂的长度增加而减小,因此,在焊接时应及时调整焊机上的控制器,补偿相应的电能消耗。

①电阻焊电源变压器的特点。由于电阻焊工艺的特殊要求,电阻焊使用的电源变压器与常用变压器和弧焊变压器有所不同,它具有如下特点:

a. 电流大、电压低。电阻焊是以电阻热作为热源,由于焊件和焊机的电阻都很小(一般小于$100\mu\Omega$),因而必须有足够大的电源才能获得应有的热量。常用焊接电流为$2\sim40kA$,铝合金构件点焊可用到更大的电流($150\sim200kA$)。因焊件和焊接回路电阻均在微欧数量级范围内,故变压器次级电压不高,固定式焊机通常在10V以内,悬挂式焊机因焊接回路长、范围宽,次级电压达24V左右。由于电阻焊要求焊接电流大、电压低,电阻焊用变压器次级绕组仅采用1匝(悬挂式或长机臂焊机采用两匝),故电阻焊机焊接回路导体尺寸比较大,并要求强制冷却。

b. 功率大、可调节。因焊件电阻小,焊接电流大,故电阻焊变压器容量皆大于50kW,大功率焊机变压器达1200 kW。焊接不同焊件时,因材料物理性能、断面尺寸等不同,因而要求功率也不同。由于变压器次级绕组仅1匝或2匝,因此只能改变变压器初级绕组匝数,以改变焊接功率。一般将初级绕组分组,按功率大小分成4、8、16、20级等不同功率级数,倒数第二级为额定功率级,而最后一级留作网压不足时补偿之用。

c. 工作不连续、无空载运行。一般情况下,电阻焊变压器的开关置于初级绕组与电源线之间,将初级绕组接入网路前,焊件已被压紧在电极之中,焊接回路已闭合。电源一旦接通,变压器便在负载状态下运行,故一般无空载状态。焊接时,焊件装卸、夹紧、焊接位置移动和焊接循环的预压、焊接、保持、休止等程序,一般都不需要接通电源。因此,电阻焊变压器通电时间多是断续的。在工作间断时,变压器得以冷却,因而在功率相同情况下,可减少变压器尺寸。

②变压器的功率调节。电阻焊变压器通常采用改变初级绕组匝数来获得不同的次级电压(次级绕组如有两匝,也可用改变次级匝数作为辅助调节)。如果焊接回路阻抗不变,略去一些损失不计,改变一次绕组匝数 N_1,则使次级电压 U_2 变化,从而改变了焊接电流 I_2,即

$$\frac{U_1}{U_2} \approx \frac{N_1}{N_2} = K$$

式中:U_1——初级绕组电压;
U_2——次级绕组电压;
N_1——初级绕组匝数;
N_2——次级绕组匝数;
K——变压比。

由于次级绕组匝数 $N_2 = 1$,故

$$U_2 \approx \frac{U_1}{N_1}$$

小功率电阻焊变压器分级调节方法,如图6-3所示。当接线由1级变至2~6级时,因所用匝数不同,故焊机功率变化,即焊接电流变化。

(2)焊机控制器。焊机控制器(图6-4)可调节变压器输出焊接电流的强弱和电压的高低,并可以调节出精确的焊接电流通过的时间,在焊接时间内,焊接电流被接通并通过被焊接的金属板,然后电流被切断。焊机控制器能够进行全范围的焊接电流调整,焊接时所需电流的大小,应由需要焊接的金属板的厚度和电极臂的长度来决定,当使用较短的电极臂时,应减小焊接电流,当使用加长的电极臂时,必须增大焊接电流。

图6-3 变压器分级调节原理

图6-4 焊机控制器

(3)焊枪。焊枪是通过电极臂向被焊金属施加挤压力,并流入焊接电流,将电极压紧部位熔化。大多数电阻点焊机都带有一个加力机构装置,可以产生很大的电极压力来稳定焊

接质量,这些加力机构有的是用弹簧的手动夹紧装置,如图6-5所示,有的是由汽缸产生压力的气动夹紧装置,有的小型挤压型电阻点焊机不具备加力机构,是完全靠操作人员的手来控制压力的大小,它只适用于单面点焊。

①加压机构。电阻焊在焊接中要对工件进行加压,所以加压机构是点焊机中的重要组成部分。为了保证焊接质量,加压机构应力求满足下列要求:

图6-5 焊枪

a. 加压机构刚性要好,在加压中不会因机臂刚性不足而发生挠曲,或因导柱失去稳定而引起上下电极错位;

b. 加压、消压动作灵活、轻便、迅速;

c. 加压机构应有良好的工艺性,适应焊件工艺特性的要求;

d. 焊接开始时,能快速地将预压力全部压上,而焊接过程中压力应稳定,焊件厚度变化时,压力波动要小。

②电极。电极工作条件复杂,其寿命与焊接质量首先由材料决定。电极材料应满足下列要求:

a. 在高温与常温下都有合适的导电、导热性;

b. 有足够的高温强度和硬度;

c. 常温与高温下具有高的抗氧化能力,并且与焊件材料形成合金倾向小;

d. 加工制造方便,价格便宜。

不同焊件材料与结构,对电极材料性能要求并不一致。对合金钢,特别是高温合金要求电极材料的主要性能是热强度稳定性;对轻合金则是导电性、导热性,突出了不同情况下的主要要求,以作为选择电极材料的依据。

电极材料主要是由加入 Cr、Cd、Be、Al、Zn、Mg 等合金元素的铜合金生产的。

车身修理所使用的大多数焊枪随着焊臂的加长,焊接压力会减小,焊接质量会下降。当配备100mm或更短的缩矩型电极臂时,其最大焊接能力达两层2.5mm厚的钢板。一般要求配有加长型或宽距离电极臂的焊接机至少可焊接两层1mm厚的钢板。

用于整体式车身修理的电阻点焊机可带有全范围的可更换电极臂装置,能够焊接车身上各个部位的板件。各种电极臂的选用可以焊接汽车上的大多数难以焊接的部位,例如轮口边缘、流水槽、后灯孔、地板、车门槛板、窗洞、门洞和其他焊接部位。修理人员在进行车身焊接作业时,应查阅修理手册,寻找合适的专用电极臂,以便对汽车上难以焊接的部位进行焊接。

3. 挤压式点焊分类及特点

挤压式电阻点焊通常可以分为单面点焊和双面点焊两大类;在汽车车身构件的连接上有90%~95%的焊接是用电阻点焊,也是目前在车身更换修复作业时的一种焊接方法,在操作过程中,应根据需要及时调整焊接电流、焊接(通电)时间和电极压力。挤压式电阻点焊在使用中具有如下特点。

(1)优点:

①因是内部热源,热量集中,加热时间短,在焊点形成过程中始终被塑性环包围,故电阻

点焊冶金过程简单,热影响区小,变形和应力很小,易于获得质量较好的焊接接头。焊后不必校正和热处理。

②焊接速度快,只需1s甚至更短时间便可焊接4~5个焊点,不同材质的钢板焊接时受热范围小,焊接强度高,金属不易变形,焊接效率高。

③除消耗电能外,电阻点焊不需要填充材料,不消耗焊丝、焊条和气体等,因此材料成本较低。

④与铆接结构相比,质量轻,结构简化,易于焊接形状比较复杂的构件。减轻结构质量不但节省金属,还能改进结构承载能力,减少动力消耗,提高运行速度。

⑤操作简便,焊接时不必去除一些金属保护层,不必对焊缝进行特殊处理,能有效地保护金属焊件,易于实现机械化、自动化,减轻劳动强度。

⑥改善劳动条件和工作环境,焊接过程不产生气体、焊渣、蒸气,对环境污染小,不会对操作人员造成危害。

⑦表面质量好,易于保证气密性。采用点焊或缝焊装配,可获得较好的表面质量,避免金属表面的损伤。焊点外形美观,点焊焊点与汽车制造过程中的焊点外观相同。

(2) 缺点:

①由于焊接在短时间内完成,需要用大电流及高电极压力,因此焊机功率要大,其价格比一般弧焊机贵数倍至数十倍。成本高,维修困难。

②灵活性、方便性不如焊条电弧焊机等。

③焊件的尺寸、形状、厚度受到设备条件的限制。

④目前尚缺少简单而又可靠的无损伤检验方法。

⑤两板间熔核周围易形成尖角,导致抗拉强度和抗疲劳强度较低。

4. 不同材质的点焊方法

(1) 镀锌钢板的点焊。镀锌钢板大致分为电镀锌钢板和热浸镀锌钢板,前者的镀层比后者薄。

点焊镀锌钢板用的电极,推荐用2类电极合金。相对点焊外观要求很高时,可以采用1类合金。推荐使用锥形电极形状,锥角120°~140°。使用焊钳时,推荐采用端面半径为25~50mm的球面电极。

为提高电极使用寿命,也可采用嵌有钨极电极头的复合电极,以2类电极合金制成的电极体,可以加强钨电极头的散热。

(2) 低碳钢的点焊。低碳钢的含碳量低于0.25%。其电阻率适中,需要的焊机功率不大;塑性温度区宽,易于获得所需的塑性变形而不必使用很大的电极压力;碳与微量元素含量低,无高熔点氧化物,一般不产生淬火组织或夹杂物;结晶温度区间窄、高温强度低、热膨胀系数小,因而开裂倾向小。这类钢具有良好的焊接性,其焊接电流、电极压力和通电时间等工艺参数具有较大的调节范围。

5. 不等厚度材质的点焊方法

对不等厚度的材料进行点焊时,熔核将不对称于其交界面,而是向厚板或导电、导热性差的一边偏移,偏移的结果将使薄件或导电、导热性好的工件焊透率减小,焊点强度降低。熔核偏移是由两工件产热和散热条件不相同引起的。厚度不等时,厚件一边电阻大、交界面离电极远,故产热多而散热少,致使熔核偏向厚件。

调整熔核偏移的原则是:增加薄板或导电、导热性好的工件的产热而减少其散热。常用的方法有:

(1)使工件间接触电阻产热的影响增大,电极散热的影响降低。电容储能焊机采用大电流和短的通电时间就能焊接厚度比较大的工件就是明显的例证。

(2)采用不同接触表面直径的电极,在薄件或导电、导热性好的工件一侧采用较小直径,以增加这一侧的电流密度,并减少电极散热的影响。

(3)采用不同的电极材料,薄板或导电、导热性好的工件一侧采用导热性较差的铜合金,以减少这一侧的热损失。

(4)采用工艺垫片,在薄件或导电、导热性好的工件一侧垫一块由导热性较差的金属制成的垫片(厚度为0.2~0.3mm),以减少这一侧的散热。

6. 电阻点焊常见质量问题及原因分析

(1)熔核尺寸缺陷。

①未焊透或尺寸小。原因:电流小;通电时间短;电极接触面大;表面清理不良。

②焊透率过大。原因:电流过大;通电时间过长;电极冷却条件差。

(2)外部缺陷。

①焊点压痕过深及表面过热。原因:电极接触面小;电流过大;通电时间过长;电极压力不足;电极冷却条件差。

②表面局部烧穿、溢出、表面飞溅。原因:电极太尖;电极压力不足或焊件表面有异物或电极与焊件虚接触。

③焊点表面径向裂纹。原因:电极加压不及时或压力不足;电极冷却条件差。

④焊点表面环形裂纹。原因:焊接时间长。

⑤焊点表面粘损。原因:电极材料选择不当;电极端面倾斜。

⑥焊点表面发黑。原因:电极、焊件表面清理不良;电流过大;通电时间过长;电极压力不足。

⑦接头边缘压溃或开裂。原因:边距过小;电极未对中。

⑧焊点脱焊。原因:焊件刚度大且装配不良。

(3)内部缺陷。

①裂纹、缩孔。原因:焊接时间过长;压力不足;加压不及时。

②熔核偏移。原因:参照前面已讲述内容。

③结合线伸入。原因:表面氧化物未清除干净。

④环形层状花纹。原因:焊接时间过长。

⑤气孔。原因:焊件表面不净。

(4)电阻点焊焊接结构常见缺陷。

①焊点间板件起皱或鼓起。原因:装配不良;板间间隙过大;焊序不当;极臂刚度差。

②搭接边错移。原因:未定位就点焊或焊得不牢;定位焊点间距过大;夹具未夹紧。

③焊件翘曲。原因:装配不良;板间间隙过大;参数不当;冷却不良;焊序不当。

7. 单面点焊操作中应注意的问题

(1)在进行单面点焊之前,应彻底清除焊件的表面,如果新的替换件上涂有底漆,要用粗砂纸磨掉金属板两面的底漆,并沿着焊缝打磨。如果金属板上涂的不是底漆而是防锈油剂,只需用干净的抹布蘸一些溶剂将焊缝两边擦拭干净即可。

（2）用大力钳将所有的凸缘接头固定在一起,焊接部位应靠近钳口处。

（3）对于搭接接头,可用一些金属薄板螺钉对金属板进行定位,然后进行点焊。注意要除掉接头的油漆等污物,才可以进行焊接操作。

（4）在较长的拼接件上进行点焊时,要先从金属板的中间开始,然后沿着一个方向进行焊接。例如,从金属板的中间开始到门柱,然后再从中间开始到后灯部位进行焊接,这样会防止金属板的变形。

（5）要清除新切割的金属板上的毛刺,以确保两层金属板之间能够很好地接触。毛刺和凹痕会使两个相互配合的工件之间产生间隙,妨碍金属之间的可靠接触。

（6）不管单电极还是双电极的单面点焊都只能用在非结构性的工件焊接上,不能用于结构性工件的焊接。

二、任 务 实 施

1. 施工程序

在任务实施过程中，首先要知道电阻点焊焊接的施工程序，如图6-6所示。

2. 焊接前的准备

（1）安全防护。点焊焊接作业中有大量的火花和炙热的颗粒溅出。为保障操作人员的安全，在点焊施工过程中，应对操作人员的着装有严格的要求，并对操作人员经常进行安全教育和安全培训，使操作人员具

图6-6 点焊焊接的施工程序

有必要的安全知识，同时也是保证焊接质量的必要措施。因此操作人员在进行点焊工作之前必须穿戴好工作帽、护目镜、工作服、皮手套、安全鞋等。

（2）挤压式电阻点焊机的检查和调整。

①选择电极臂。根据需要焊接的部位来选择电极臂（图6-7）。

图6-7 根据焊接部位选择适当形式的电极臂

②调整电极臂。为获得最大的焊接压力，焊炬的电极臂应尽量缩短（图6-8）。将焊炬

电极臂和电极头完全上紧,使它们在工作中不至于松开。

③将两个电极头对准,将上、下两个电极头对准在同一条轴线上(图6-9)。电极头对准状况不好将引起加压不充分,造成电流过小,降低焊接部位的强度。

图6-8 电极臂的调整　　　　　图6-9 压紧钢板的电极调整

④电极头的直径增加,焊点的直径将减小。必须适当控制电极头直径(图6-10),以获得理想的焊接深度。开始操作前,先弄清楚电极头直径是否合适,然后用锉刀将它锉光,以便清除电极头表面的燃烧生成物和杂质。电极头端部杂质增加,该处的电阻也随之增加,将会减少流入母材的电流并减少焊接熔深,导致焊接质量下降。经过长时间的连续使用以后,电极头端部将不能正常地散热而造成过热。如有必要,可每进行5~6次焊接后,让电极头端部冷却,如果端部已被损坏,要用电极头端部清理工具进行整形(图6-11)。

图6-10 确定电极头直径的方法

图6-11 对电极头端部进行整形

⑤电流流过的时间也与点焊的形成有关。时间延长时,所产生的热量增加,点焊直径和焊接熔核随之增大。焊接部位散发出的热量随着通电时间的延长而增加。经过一定的时间以后,焊接温度将不会再增加,即使通电时间超过了这一时间,点焊直径不会再增大。

(3)除旧漆膜及表面清洁。

①工件焊接表面间隙的消除。焊接时,两个焊件表面之间如果留有任何间隙,都会影响电流的通过,造成电流分流,如图6-12所示。尽管不消除这种间隙也能进行焊接,但是焊点面积变小,造成焊接强度不足。所以焊接之前应当焊件表面整平,消除这一间隙,并用夹钳将焊件牢牢地夹紧。

②工件焊接金属表面的处理。焊接的工件表面如果有油漆、锈迹、灰尘或其他污物,都会减少电流强度而使焊接质量降低,所以应将这些物质从焊件的表面清除干净,如图6-13所示,以使电流畅通。为保证焊接质量,工件搭铁处也必须进行表面处理,以保持良好的通电状态。

图6-12 工件焊接表面间隙的消除　　　　图6-13 母材表面的状态

③焊接表面的防腐处理。焊接部位接触面在焊接完成后不易喷涂漆层,为了保证车身寿命和车身钢板的防锈处理的需要,焊接前两板件的焊接面必须实施防锈处理。应在需要焊接的金属板表面上涂一层导电系数较高、透焊的防锈底漆,将防锈底漆均匀地涂在所有裸露的金属板面上。如图6-14所示。

a. 以擦拭纸蘸湿除油剂。
b. 用擦拭纸擦除钢板面的油污。
c. 在脱脂剂挥发前,使用干抹布擦拭钢板的油污。

图6-14 擦拭纸的使用及点焊专用漆的涂抹

④磨除旧漆膜。把焊接区域的旧漆膜打磨掉,以使电流能够顺利地通过钢板,从而达到更好的焊接效果,如图6-15所示。

图6-15 磨除旧漆膜

注意:在进行旧漆打磨处理时应选用合适的打磨工具,尽可能地避免损伤工件的金属板面。

⑤表面清洁。表面处理的方法主要是用空气枪吹去打磨后的粉尘(图6-16),或用抹布擦掉粉尘。表面如有油脂,应用抹布蘸上除油剂或天那水进行清除;如有密封胶和防水涂料等,应用热风枪或刮刀清除。

3. 点焊焊接施工

(1)钢板定位。钢板定位是为了焊接时使工件不易挪位,保持设计的尺寸,同时使两焊件的表面有很好的结合,以达到良好的焊接效果。因此在操作中要保证钢板表面平整并且要求钢板间隙尽量吻合。

具体操作时,先将板件进行尺寸定位,周边间隙用比照法进行调整,在得到确认后再用大力钳将其固定(图6-17)。

图6-16 空气枪除尘　　　　图6-17 大力夹钳的固定

(2)焊接参数的设定与试焊。电阻点焊机的操作相对比较简单,开始进行焊接时,操作人员必须手握焊枪,使电极头与车身上需要焊接的部位相接触。然后通过加压机构从板件两侧加压。加压后加压结构便向焊接机控制器发出电信号,电信号能接通焊接电流并维持一个事先设置的时间,然后切断电流。焊接时间一般不超过1s,因此整个过程完成得非常迅速。

使用电阻点焊机进行焊接时,根据金属板的厚度来调节电极臂的长度以及焊接时间,便可以得到最佳的焊接效果。可依焊接机说明书的数值进行调节。

点焊机在焊接时要获得良好的结合强度。必要时需要正确地调整参数:焊接时的焊点压力、焊接电流和通电时间。

①焊点压力(图6-18)。当焊点的压力过小时,焊接时会发出轻微的声音,板面上没有什么变化,同时伴有大量的火花产生;当焊点压力过大时,焊接时会发出沉闷的声音,板面上会出现较深的焊坑,没有火花出现。

图6-18　压力大小比较

②焊接电流和通电时间。查阅点焊机操作手册,根据钢板的厚度和材料来调整焊接电流和通电时间,如图6-19所示。

图6-19　调整电流

初步选定电极压力和焊接时间,然后调节焊接电流,以不同的电流焊接试样,在检查熔核直径符合要求后,再于适当的范围内调节电极压力、焊接时间和电流,进行试样的焊接和检验,直到焊点质量完全符合技术条件的要求为止。

表面有镀层的零件的点焊,由于镀层金属的物理化学性能不同于零件金属本身的性能,必须根据镀层性能选择点焊设备、电极材料和焊接工艺参数,尽量减少镀层的破坏。

技术提示

对车身上的防锈钢板进行焊接时,应将焊接普通钢板的电流强度提高10%~20%,以弥补电流的损失。若无法调节电流强度,可将通电时间稍作延长。

(3) 焊接条件的设定与检查。

① 尽量采用双面点焊的方法,对于无法进行双面点焊的部位,可采用二氧化碳气体保护焊中的塞焊进行焊接,而不能用单面点焊来焊接车身结构性板件。

② 电极与金属板之间的夹角应呈 90°,使电极头与板件表面保持垂直,如果这个角度不正确,电流强度便会减弱,造成焊接接头强度的降低。

③ 对于三层或更多层金属板的点焊,应分两次或多次进行,同时加大焊接电流。

④ 修理厂用的点焊机的功率一般都比汽车制造厂的小。因此,和制造厂相比,修理厂进行点焊时,应将焊点数量增加 30%,如图 6-20 所示。

图 6-20 需点焊的焊点数量

⑤ 电阻点焊的强度由焊点间距(两个焊点之间的距离)和边缘距离(焊点到金属板边缘的距离)来决定,两块金属板之间的接合力随着焊接间距的缩短而增大,但是,焊点间距小到一定程度后如果再减小,板件的连接强度也不会再增大,因为电流会流向以前的焊点。随着焊点数量的增加,电流分流也会增多,而这种分流出的电流又不会使焊点的温度升高。焊点的间距大小应控制在不致形成支路电流的范围内,一般要遵循表 6-1 给出的值。

比如板厚 1mm 碳钢板,焊点间距可取 14mm。

焊点间距的参考值　　　　　　　　　　表 6-1

板厚(mm)	焊点间距(mm)	焊点到边缘距离(mm)
0.4	≥11.0	≥5.0
0.8	≥14.0	≥5.0
<1.2	≥18.0	≥6.5
1.2	≥22.0	7.0
1.6	≥29.0	≥8.0

⑥ 边缘的距离也是由焊接电极头的位置决定的。即使焊接的情况正常,但如果边缘距离不足,焊接强度也不够,在靠近板件断面焊接时,焊件到金属板的边缘距离应遵循表 6-2 给出的值。这个距离太小则会导致焊接强度不够并引起板件变形。

比如板厚 1mm 碳钢板,距离可取 12mm。

焊点到板端的距离 表6-2

板厚(mm)	最小距离(mm)	板厚(mm)	最小距离(mm)
0.4	≥11.0	1.2	≥14.0
0.8	≥11.0	≥1.6	≥16.0
<1.2	≥12.0	2.0	≥17.5

⑦检查焊接条件。

a. 对与焊件相同材质、厚度的试板进行接焊,如图6-21所示,焊好后再进行破坏检查。

b. 一般采用扭转试板以破坏焊接焊点,测试焊接强度,如图6-22所示。

图6-21 试板焊接

图6-22 破坏试验

⑧电极与钢板表面必须保持约90°的焊接角度,如图6-23所示。

图6-23 焊接角度

⑨连续点焊的三个重要因素是焊接间距、边距和电极冷却。

a. 焊接间距:保持适当的焊接间距,如图6-24所示。

b. 边距:保持适当的边距,如图6-25所示。

c. 电极冷却。

点焊是利用钢板的电阻热将两片钢板接合在一起。连续焊接数个焊点后,热量将传导并堆积于电极与焊接夹臂上。要每隔一段时间使用压缩空气或水冷却电极,如图6-26所示。

当电极与焊接夹臂的温度升高时,焊接电流将变小或导致电极提早磨损,因此难以获得好的焊点,如图6-27所示。

图 6-24　焊接间距

图 6-25　边距

图 6-26　电极冷却

图 6-27　电极温度、焊接电流分别与点焊数目的关系

⑩点焊参数应用举例（表6-3）。

点焊参数应用参考 表6-3

点焊材料	焊接电流(I)	焊接时间(t)	电极压力(p)	电极端部直径($d_{极}$)
低碳钢 δ 1mm	7.2kA	17周波	1.5kN	6.4mm

（4）点焊作业。点焊必须进行定位焊，并安排好正确的焊接顺序。

①点焊的顺序。点焊作业时，不要只沿一个方向连续进行点焊，这种方法会使电流产生分流而降低焊接质量，应按正确的顺序进行焊接，如图6-28所示，如果电极头过热而改变颜色时，应停下来使之冷却。

图6-28 点焊顺序

②转角部位的焊接。不要在转角的半径部位进行点焊，如图6-29所示，否则会因为焊接时产生应力集中而导致开裂。如前支柱和中心支柱的上部顶角，后顶侧板的前上方角落，前、后窗框的转角部位等需特别注意。

③电流的调整。在进行电阻点焊作业时，电流通过第一个与第二个焊点的电流强度不同，特别是在两层板之间涂有防锈漆时，导电系数降低的情况下，第二个焊点流过的电流会小一些，造成第二个焊点的强度下降，如果电流

图6-29 拐角部位的正确焊法

调大后焊接，会造成第一个焊点电流过大。一般在正常焊接完第一个焊点后，再把电流适当调整大一些后再进行焊接，这样才能使得两个焊点的焊接强度一致。

（5）焊接质量检查。焊点的质量检查，可采用目测外观检验或非破坏性试验两种手段。目测外观检验只是通过外观的几个基本标准来判断检查焊接质量，非破坏性试验则是检验焊接强度的基本手段。

①目测外观检验。通过外观及触摸来检验挤压式电阻点焊的焊接质量与粗糙度。以下几个方面的检验内容，可供检验时参考：

a. 焊点位置。焊点应处在板缘的中间，无电极头压力过大引起的孔洞，板缘上应无焊点，也不得在原焊点上进行焊接。

b. 焊点数量。因修理厂的焊机功率比制造厂的焊机功率小，所以新焊点数应比原焊点数多30%以上（例如，3个原焊点，大致4个新焊点）。

c. 焊点间距。修理作业时的焊点间距应比原焊点间距稍短，且分布均匀。最小间距应

以无支路电流形成为限。

d. 压痕(电极头在板件上留下的痕迹)。不应出现深度超过板厚一半的电极头压痕。电极头不得焊偏而产生透孔现象。

e. 气孔。在焊接的压痕上不应有大到足以看得见的气孔。

f. 飞溅。焊完后戴上手套在焊件表面上抚摸,如果擦过时被刮住,则说明焊接时飞溅物现象太严重。

g. 评估焊接外观的完整性(图6-30),焊点表面干净而且压痕外观圆滑。

图6-30 外观评估

②非破坏性检验。在工件点焊完工后,可用撬棒和手锤对焊件进行焊接的质量检验,具体操作如下:

a. 将撬棒插入如图6-31所示部位,即两焊件的中间,用手锤轻轻敲击撬棒的端部,直到两金属板之间形成2~3mm的间隙,在金属板的厚度约为1mm时,如果此时的焊点位置仍然保持正常没有分开,则说明所进行的焊接是成功的。这个间隙值由点焊的位置、凸缘的长度、金属板的厚度、焊接的间距以及其他因素来决定,这里提供的只是一个参考数值。

d(撬棒外圆直径)	适用钢板厚度
Φ10	0.8~1.2mm
Φ15	1.6~2.3mm

图6-31 非破坏性试验

b. 如果两块金属板的厚度不同,操作时两块金属板之间的间隙限制在1.5~2.0mm的范围内,如果进一步下插撬棒,将变成破坏性试验。

c. 修复被撬开部位(图6-32),检验完毕后,一定要把被撬的变形金属板修复好,具体操作方法是:一手拿垫铁,一手拿手锤将被撬开的部位进行敲击修复。

车身钣金件的电阻点焊

图 6-32 修复被撬开部位

三、评价反馈

1. 自我评价

(1) 通过本学习任务的学习你是否已经知道以下问题。

① 点焊的施工程序。_____

_____。

② 电阻点焊的工作原理及质量影响因素。_____

_____。

③ 电阻点焊的常见质量问题及原因分析。_____

_____。

(2) 在点焊的施工过程中用到哪些设备?你是否已经知道了这些设备的正确操作技能?

评价:_____

_____。

(3) 实训过程完成情况。

评价:_____

_____。

(4) 工作着装是否规范?

评价:_____

_____。

(5) 能否积极主动参与工作现场的清洁和整理工作?

评价:_____

_____。

(6) 在完成本学习任务的过程中,你是否主动帮助过其他同学?并和其他同学探讨点焊的有关问题?具体问题是什么?结果是什么?

评价:_____

_____

_____。

(7) 通过本学习任务的学习,你认为哪些方面还有有待进一步改善?

评价:_____

_____

签名：_____ ____年____月____日。

2. 小组评价

小组评价见表6-4。

小 组 评 价　　　　　　　　　　　表6-4

序 号	评 价 项 目	评 价 情 况
1	学习态度是否积极主动	
2	是否服从教学安排	
3	是否达到全勤	
4	着装是否符合要求	
5	是否合理规范地使用仪器和设备	
6	是否按照安全和规范的规程操作	
7	是否遵守学习、实训场地的规章制度	
8	是否积极主动地和他人合作、探讨问题	
9	是否能保持学习、实训场地整洁	
10	团结协作情况	

参与评价的同学签名：_____ ____年____月____日

3. 教师评价

_____。

教师签名：_____ ____年____月____日

学习任务 7　轿车车顶外板的焊接

学习目标

1. 叙述轿车车顶外板的铜钎焊的原理及特点；
2. 知道轿车车顶外板铜钎焊材料、焊接工具与设备的使用特点；
3. 分析氧—乙炔焰的选用与调节，焊接的工艺参数要求；
4. 根据焊接注意事项规范完成焊接运炬方法、焊接方法选用及质量检验作业；
5. 正确完成典型车顶外板的焊接。

任务描述

以轿车车顶外板的连接为例，通过完成该任务，分析钎焊的性质、工艺特性及适用范围，知道铜钎焊的操作流程，相关设备、工具的运用，能独立完成轿车车顶外板的铜钎焊焊接。

学习引导

本学习任务沿着以下脉络进行学习：

一、相 关 知 识

轿车车顶外板的材质为低碳钢，根据所处位置与几何形状分析，属抗运动冲击强度大的部件，且考虑到侧立柱体积小，其他熔焊焊接可能引起材质性能改变而降低强度，如用电阻压力点焊，体积小而焊点少，更难达到强度要求，所以，原厂设计为铜钎焊连接，因为铜钎焊的焊接温度低于低碳钢的熔点，不会降低焊件的强度。更重要的是要考虑其密封性，因为是外板而非结构件。因此，在维修施工时，必须遵循原厂的连接方式与连接材料。为了保证焊接质量，必须正确分析材料使用与连接要求，选用焊接工具和设备，依照正常的工艺流程进入施工程序。

1. 钎焊的原理、特点和分类

（1）钎焊就是采用熔点低于作业工件的金属为钎料，将其加热熔化到已被加热工件的接头间隙里，进行填充、流动扩散而凝固形成一体的焊接方法。

（2）由于钎焊的工作特性，对被焊件的金属组织和性能改变较少，钎焊后的工件应力相对较小，变形量较小，适用于焊接精度要求较高的工件。

（3）钎焊的种类繁多，按照温度的高低，通常可划分为低温钎焊（450℃以下）、中温钎焊（450~950℃）和高温钎焊（950℃以上）。

（4）也有人习惯把450℃作为临界数据，低于450℃称为软钎焊（如锡钎焊），高于450℃称之为硬钎焊（如铜钎焊）。

（5）在汽车修理作业中，常用的几种钎焊，按不同的加热方式，也可以划分为：电阻烙铁钎焊（适用软钎焊），火焰烙铁钎焊（又分炉火烙铁钎焊、氧—乙炔源烙铁钎焊，均适用软钎焊），火焰热熔钎焊（又分氧—乙炔源热熔钎焊、油—汽源热熔钎焊，前者适用硬钎焊，后者适用软钎焊）。

（6）任何钎焊在作业时，都需依靠钎剂（粉）的辅助作用，否则无法成功进行焊接。

（7）由于钎料是低熔点金属，所以不宜用于高耐热和高强度工件的焊接。

2. 钎焊材料

钎焊材料包括钎料和钎剂（粉），钎焊质量的好坏，相对而言，很大程度上取决于钎料的选择。为了保证作业工件有高质量的钎焊，我们在钎焊、钎剂（粉）的选用上，必须遵循下列基本原则：

（1）钎料的熔点与作业工件的熔点不要过于接近，因为熔点过于接近，不易控制钎焊的作业过程，很容易造成金属晶粒增粗、过烧、熔化塌陷等现象，所以两者熔点一般应有几十度之差。

（2）钎料在钎焊作业时，应有良好的流动性和湿润性，以保证能填满接头间隙，而形成牢固的结合体。

（3）必须选用具有稳定均衡成分的钎料，以减少在钎焊过程中，一些易析出和易挥发的元素大量流失，特别是在焊接有等级强度要求的工件时，更不能用普通钎料（如用普通铜丝代替铜焊条），进行等级钎焊作业。

（4）钎料的选用，应能符合作业工件的各方面技术要求，如：力学性能（高温、常温、低温下的强度、硬度、塑性、韧性等)、物理性能(导电性、导热性等)、化学性能(抗氧化性、抗腐蚀性等)、加工性能(机械切削、冲压等)。

(5)经济适用性,在钎料的选用上,在满足上述要求的情况下,尽量不选用含有稀有金属和贵重金属的钎料,如:能用铜基钎料可以达到钎焊质量标准要求的,绝不用银基钎料。

(6)钎剂应符合清除、溶解作业工件表面和钎料表面氧化物的要求。

(7)钎剂与钎料应有匹配性,在钎焊作业时,应有良好的催化、辅助作用以及界面活性作用。

(8)钎剂在钎焊作业时,能有良好的液体覆盖状态,有效阻止空气中的氧气对作业区工件的侵害。

(9)钎剂的熔点稍低于钎料的熔点但不要相差太大。如果钎剂熔点高于钎料的熔点,则根本不能发挥钎剂的作用,不能进行正常的钎焊作业;如果钎剂熔点比钎料的熔点低得多,在钎料熔化前过早溶解挥发,也不能保证有效的钎焊作业。

(10)钎剂在钎焊作业时,应有良好的热稳定性,保持在加热的过程中,其成分稳定不变,或减少流失挥发。

(11)钎剂不应有毒性,不应对钎焊金属工件有强烈的腐蚀作用以及在使用时析出有害气体。

(12)钎焊作业完毕后,钎剂的残渣应容易清除。

3. 铜焊的材料

铜焊是汽车修理作业中最常用的一种硬钎焊,是以黄铜为基料的焊条作为钎料,以硼为基料的铜焊粉作为助熔钎剂而进行的焊接作业。

铜钎焊是依靠氧气—乙炔气焊接设备来完成作业的,其工作原理:以乙炔气作为燃烧气体,以氧气作为助燃气体,经专用胶管送入焊枪内进行混合,再经焊嘴喷出点燃燃烧而产生高温,将焊条熔化敷滴在被焊工件的焊缝上,使焊件连接在一起。

(1)铜钎焊条。根据国家标准《钎料型号表示方法》(GB/T 6208—1995)中规定,常用的铜钎焊条的型号为:

产品牌号:HS221;

国标型号:HSCuZn—3;

成分含量:黄铜为56%~62%,锡为0.5%~1.5%,硅为0.1%~0.5%,余量为锌。

(2)铜钎焊粉。常用的铜钎焊粉,以硼砂和硼酸为基体,添加一些如氟化物等适量元素,调节熔点和增强溶解氧化物的能力。通常用的产品牌号和含义如下:

4. 铜钎焊焊接设备

(1)氧气瓶。外表一般喷涂天蓝色油漆,瓶体上用黑色油漆喷上"氧气"二字作为标志,另外还喷有"氧气禁油"的警示字样,瓶底一般为凹状,便于站立(图7-1)。也有的瓶底用普通钢板做成上圆下方的瓶脚,焊接在瓶底的下方,除了站立还可防止地面上的潮湿和各种腐蚀液体对瓶体造成伤害。具体规格如表 7-1 所示。

常用的氧气瓶的规格 表 7-1

序 号	规 格	说 明	序 号	规 格	说 明
1	瓶体高度	约 137cm	5	容积	40L
2	瓶体直径	21.9cm	6	瓶限压力	15MPa
3	瓶体质量	约 55kg	7	储存氧气	约 6M³
4	外表漆色	天蓝,黑字	8	水压试验	22.5MPa

（2）氧气瓶阀。是高压氧气进出瓶内的控制阀门,常用的规格为 Q F—2 铜阀,由 HPb 59—1 黄铜制成,目前主要采用活瓣式阀门,由阀体、安全膜装置、阀杆、手轮、活门等部分组成,其外形和构造如图 7-2 所示。

图 7-1 氧气瓶的构造

图 7-2 氧气瓶阀

氧气瓶阀的使用方法:顺时针方向旋转为关闭;逆时针方向旋转为开启。活门开启时的高度为 1.5~3mm。氧气瓶阀操作简单方便,直接用手旋转手轮,即可开启、关闭瓶体阀。

氧气阀的工作原理:手轮旋转时,带动阀杆转动,再通过中间连接的开关片联动,使活门作上行或下行移动,当活门作向上移动时,瓶内氧气就由进气口经气门流向出气口,当活门作向下移动时,活门就压紧阀座密封尼龙垫,使活门紧闭,氧气不能流出。

氧气瓶阀在使用过程中,由于各种原因,经常会发生一些故障,常见的故障形成原因及排除方法见表 7-2。

氧气瓶阀常见故障与形成原因及排除方法　　　　　表 7-2

常见故障	发生现象	形成原因	排除方法
气门阀漏气	活门密封不严	封闭不到位	拧紧压紧螺母
	防漏垫圈与转动轴不紧密	过度磨损	更换钢片垫圈
阀杆空转	阀杆套与阀杆轴配合磨损	开关时用力过度	更换磨损配件
	联动铁片折断	疲劳磨损	更换铁片

图 7-3　乙炔瓶的构造

（3）氧气。氧气的分子式为 O_2，在常温常压下呈气体状态，在标准状态下（0℃，0.1MPa），密度为 1.429kg/m³，比空气重（空气密度为 1.293kg/m³），无色、无味、无毒，当温度降至 -183℃ 时，氧气就由气态变为淡蓝色的液态，当温度降至 -218℃ 时，液态氧就变为淡蓝色的固体。

氧气不能燃烧，但能帮助其他可燃物质燃烧，氧气的化学性质极为活跃，自然界的一切元素（除惰性气体外），几乎都可以与之相化合而产生化学反应。氧气的化合能力随着压力的加大和温度的升高而增强，当高压氧气与易燃物质（如油脂、天那水等）相接触时，就会发生剧烈的氧化反应而使易燃物质自行燃烧，当高压氧气处于高温环境时，则会产生强烈反应而引起爆炸，在使用氧—乙炔气焊接设备时，氧气瓶阀、氧气减压器、氧气胶管、焊炬等不可有油脂黏附。

（4）乙炔瓶。乙炔瓶是用来储存乙炔气的专用罐体，瓶体为圆柱形，为了使瓶体能垂直站立，瓶体下面用钢板制作的圆圈焊接成底座，常用的瓶体是用优质碳素结构钢直接轧制焊接而成，外表喷涂白色油漆，并用红色油漆喷注"乙炔"字样，另外喷有"不可近火"的警示字样，外形近似氧气瓶，但瓶体内结构比氧气瓶复杂得多，如图 7-3 所示。

乙炔气瓶有中压式（适用于等压式焊、割炬）与低压式之分（适用于低压式焊、割炬），常用的乙炔气瓶属于低压式，瓶内的乙炔气压力最高可达 1.5MPa，具体规格见表 7-3。

常用乙炔瓶的规格　　　　　表 7-3

序　号	规　格	说　明	序　号	规　格	说　明
1	瓶体高度	约 105cm	5	容积	40L
2	瓶体直径	25cm	6	瓶限压力	1.5MPa
3	瓶体质量	约 60kg	7	储存氧气	约 7kg
4	外表漆色	白色红字	8	水压试验	6MPa

因乙炔气是易燃、易爆性气体，不易储存和运输，但人们利用乙炔能大量溶解于丙酮溶液和活性炭的多孔毛细管，可以降低其爆炸性，在瓶体内装有浸满丙酮的多孔活性炭材料，能使乙炔稳定安全地储存在瓶内。使用时，溶解在丙酮中的乙炔气就自动分解析出，通过乙炔瓶总阀流出来，而仍然保留在瓶内的丙酮，可反复溶解再次充入的乙炔气，以利于储存到活性炭的孔中。

（5）乙炔瓶阀。乙炔瓶阀主要由阀体、阀杆、压紧螺母、活门以及过滤部件等组成,乙炔瓶阀的开启方式与氧气瓶阀有别,没有设置旋转手轮,而是另外利用方形孔套筒扳手套在阀杆的方形头上端,进行开关作业。

其工作原理为:扳手逆时针方向旋转时,阀杆带动活门(活门上镶嵌有白色尼龙制成的密封垫圈)向上移动,阀门开启,乙炔气从进气口经气门流向出气口;当扳手顺时针方向旋转时,活门则向下移动压紧阀座,使乙炔气不能流出。

常用的乙炔气是低压式,所以乙炔气阀与氧气阀相比,还少了一个安全膜装置。

乙炔瓶阀的阀体,由低碳钢制成,阀体的下端与氧气瓶阀相似,同样被加工成英制螺纹的锥形尾,使其旋入乙炔瓶体的口内。进气口内有铁丝制作的过滤网,上面附着有用羊毛毡制成的过滤层,使分析出来的乙炔气得到过滤,并阻止水分和杂质的溢出。

（6）乙炔。一种无色而有特殊臭味的气体,是一种碳氢化合物,其分子式为 C_2H_2。在标准状态下,密度为 1.17 kg/m³,比空气略轻。电石与水作用可生成乙炔,分子式为:

$$CaC_2 + 2H_2O \rightarrow C_2H_2 \uparrow + Ca(OH)_2$$

乙炔是可燃气体,它与空气混合燃烧时所产生的火焰温度为2350℃,而与氧气混合燃烧时所产生的火焰温度可达 3000~3300℃,因此,能够迅速熔化金属进行焊接与切割。

乙炔的完全燃烧按下列反应式进行:

$$2C_2H_2 + 5O_2 = 4CO_2 + 2H_2O$$

由反应式知道:1 个体积的乙炔完全燃烧需要 2.5 个体积的氧气。所以气焊、气割时,氧气的消耗量比乙炔大。

乙炔也是一种具有爆炸危险的气体,当纯乙炔压力为 0.15 MPa、温度为 580℃ 时就可能发生爆炸。乙炔与空气或氧气混合时,在空气中浓度 2.5%~80%,在氧气中浓度 2.8%~93% 时,遇到明火就会立刻发生爆炸。乙炔与铜或银长期接触会产生一种爆炸性的化合物,即乙炔铜和乙炔银,当它们受到剧烈振动或者加热到 110~120℃ 时就会引起爆炸。所以凡与乙炔接触的器具设备禁止用纯铜制造,只准用含铜量不超过 70% 的铜合金制造。

由于乙炔受压会引起爆炸,因此不能加压,直接装瓶来储存,但是可以利用乙炔大量溶解于水和丙酮中的特性储存。特别是在丙酮中溶解量特别大,1L 丙酮可溶解 25 L 乙炔。工业上将乙炔灌装在盛有丙酮和多孔物质的容器中,称为溶解乙炔(瓶装乙炔)进行储运,既方便又经济。

（7）焊炬。焊炬是在气焊作业时用于控制气体混合比、流量及火焰并进行焊接的工具,作用是将可燃气体和氧气按操作者的要求用手操作调节控制其混合比,按一定的速度喷出,燃烧而生成具有一定的能量、成分、形状稳定的焊接火焰,使被焊接材料熔化。因此,要求焊炬不仅能良好地调节和保持氧气与可燃气体的比例,并使混合气体的喷出速度与燃烧速度相等,有稳定的火焰和燃烧性能,同时要求气密性要好,耐腐蚀,耐高温。

焊炬与割炬的功能不同,两者不能混用。焊炬按可燃气体与氧气混合的方式不同可划分为等压式焊炬和低压式焊炬。

①等压式焊炬,一般采用的是中压乙炔气。焊炬主要由主体、乙炔气调节阀、氧气调节阀、乙炔气通道、氧气通道、混合气室、混合气通道、焊嘴、手柄、乙炔气接头、氧气接头等部件组成(图7-4)。

等压式焊炬的结构比低压射吸式焊炬要简单些。等压式焊炬的使用有一定的局限性,必须是中压乙炔气,千万不能用低压乙炔气替代使用。

②低压式焊炬可适用于中压乙炔气,但等压式焊炬绝不能使用低压乙炔气。

低压式焊炬是指可燃气体表压力低于<0.7MPa的焊炬,可燃气体靠喷射氧气流的射吸作用进入混合气室混合,并以相当高的流速喷出。也叫喷吸式焊炬,是目前应用较为广泛的焊炬。焊炬主要由主体、乙炔调节阀、氧气调节阀、喷嘴、射吸管、混合气室、焊嘴、手柄、乙炔气管接头、氧气管接头等部件组成(图7-5)。

图7-4 等压式焊炬　　　　　　　　图7-5 低压式焊炬的构造

在日常修理作业中,一般是根据工件的厚度选择不同型号的焊炬,为了能在工作中选择合适作业的焊炬,首先必须了解焊炬型号的含义。如:H01—6,前面的字母"H"代表焊炬,也是焊炬"焊"字的汉语拼音声母,此种标注方法一直是我国沿用的惯例,"0"则表示为手工操作,"1"则表示该型号焊炬为喷吸式焊炬,"——"后面的数字则表示该焊炬的最大焊接厚度(材质以普碳钢板为标准,单位:mm)。各种型号的焊炬均配有3~5个焊嘴,焊嘴型号大则表示焊嘴的出气孔和出气量大,适应的焊接工件厚度相应增大。

国产低压焊炬型号有H01—6、H01—12、H01—20、H03 四种,前三种焊炬各配有5个不同型号的焊嘴,而 H03 型焊炬的主要结构与工作原理和前三种型号焊炬基本相同,均属于喷吸式焊炬,只是根据工件的需要变换火焰和温度时,不是用更换焊嘴来完成,而是用三根焊管的变换来实现,所以人们也叫它换管式焊炬,H03 型焊炬的焊管相当于前三种焊炬的焊嘴、混合气管、射吸管的功能组合。

目前在修理作业中使用较为广泛的焊炬有 H01—6、H01—12 两种。

(8)橡皮胶管。氧气瓶与乙炔气瓶中的气体是经橡皮胶管输送到焊炬或割炬中,根据有关规定,氧气管为红色,乙炔气管为黑色。通常氧气管的内径为8mm,乙炔气管的内径10mm;氧气管允许的工作压力为15MPa,乙炔气管为0.5MPa;胶管的长度不得低于5m,一般以 10~15m 为宜,两种胶管严禁代替使用,操作时防止胶管上沾有油污和漏气。

(9)氧气减压器。氧气减压器就是将氧气瓶内输出的高压氧气,降为适应作业范围的低压的调节装置。一般储存在氧气瓶内的高压氧气,最高压力达到15MPa,而常用的低压氧气工作压力在0.1~0.4MPa左右。因此,焊接作业时,氧气必须经过减压器的调节后,方能输送到焊炬内使用。

在焊接过程中,气瓶内的氧气压力,会随着气体的不断消耗而逐渐下降,压力的变化势必影响正常的焊接作业,为了保证焊接时工作压力的稳定,必须有一个稳定装置来控制。减压器在调节气体压力的同时,又能起到基本稳定工作压力的作用,因此,减压器在焊接作业过程中是必不可少的调节装置。

在修理作业中常用的氧气减压器的产品型号:YQY—07,为单级反作用式,上面装有两个压力指示表,数字大的表(表盘标记0~25)为高压气体显示表,显示的是氧气瓶内的气体流入到减压器内的压力;数字小的表(表盘标记0~2.5)为低压气体显示表,显示的是调节后经高压气室进入低压气室的工作气体压力。

单级反作用式氧气减压器,由外壳、进气口、高压显示表、高压室、副弹簧、减压气活门、活门座、低压室、安全阀、低压显示表、传动杆、弹簧膜片、主弹簧、调节杆螺丝、出气口等组成(图7-6)。

图7-6 单级反作用氧气减压器构造

①单级反作用氧气减压器的工作原理。减压器又称为压力调节器,它是将高压气体变为低压气体的调节装置。例如,把氧气瓶内的15MPa高压减压至0.1~0.3MPa的工作压力,供焊接或切割时使用。减压器同时还有稳压作用,使气体的工作压力不随气瓶内的压力减小而减小。减压器的工作情况如图7-7所示,从氧气瓶出来的高压氧气进入高压室10后,由高压表1指示压力。减压器不工作时(图7-7a),应当放松调压弹簧7,使活门4被活门弹簧3压下,关闭通道5,高压气体就不能进入低压室9。

图7-7 减压器工作原理
a)未工作状态;b)工作状态
1-高压表;2-低压表;3-活门弹簧;4-活门;5-通道;6-薄膜;7-调压弹簧;8-调压螺杆;9-低压室;10-高压室

减压器工作时(图7-7b),应按顺时针方向将调压手柄旋入,使调压弹簧7受压,活门4被顶开,高压气体经通道5进入低压室9。随低压室9内气体压力的增大,压迫薄膜6及调压弹簧7,使活门4的开启量逐渐减小。

当低压室内气体压力达到一定数值时,会将活门关闭,低压表2指出减压后的气体压力。控制调压螺杆8的旋入程度,可改变低压室的压力,获得所需的工作压力。

气割时随着气体的输出,低压室内的气体压力减小,薄膜6上凸使活门重新开启,流入低压室的高压气体流量增多,可补充输出的气体。

当活门的开启度恰好使流入低压室的气体流量与输出低压气体流量相等时,减压器即可稳定地进行工作。当输出的气体流量增大或减小时,活门的开启度也会相应的增大或减小,以便自动保持输出气体压力的稳定。

②单级反作用减压器的优点是构造简单,操作使用方便,造价成本不高,但缺点也很明显,具体表现为焊接时气体的工作压力只是基本稳定而不是绝对稳定,特别是在高压气体减少的情况下,甚为突出,可直接影响气焊的工作质量与效率。另外,单级减压器只经过一次调节就把高压气体变为低压气体,气体在低压室内急剧膨胀,大量地吸收热量,使得低压室内的温度骤降,因此,在冬天寒冷的情况下,容易发生表内冻结现象。

③单级反作用式氧气减压器在使用过程中,应遵守下列操作规程:

a. 减压器在安装之前,应先清除氧气瓶阀口内及周边油脂,因为高压氧气排放时,可产生静电火花,引起火灾或烧毁减压器的内部零件。

b. 减压器安装时,应先略开氧气瓶阀,吹除污物,以防开启阀门时将灰尘和水分带入减压器内。瓶阀开启时,出气口不得对准操作者或他人,以防高压气流突然冲出伤人。

c. 减压气的出气口与气管连接处,必须用软铁丝扎紧,或者用卡箍拧紧,如果是双芯气管,必须拧紧螺丝接头,防止减压器开启时气管突然崩脱而发生危险。

d. 氧气瓶阀或减压器阀开启时,先检查氧气瓶阀出口与减压器阀进口的接头是否漏气,如果听到气流的"丝丝"声,应迅速关闭后进行重新装接。开启氧气瓶阀门时,动作应缓慢,如果阀门开启速度过快,减压器内的工作部分的气体因受绝热压缩而温度急剧升高,有可能把减压器内的有机材料制作的零件烧坏,而使减压器失去作用。

e. 在修理作业过程中,必须经常注意观察减压器上压力表的指针变化,如数值突然过大或过小,或一表有数值反映一表不工作,或表内漏气,应立即停止工作,先逆时针旋转减压器的调接杆,关闭减压器的阀门,然后关闭氧气瓶阀,再放掉减压器内的余气,拆卸下减压器进行检修,工作完毕后,关闭减压器的程序也是如此,这样可以保护弹簧和减压活门免受损坏。

f. 氧气减压器在寒冷的冬季里使用时,如发生冻结现象,应及时关闭氧气瓶阀后拆下减压器,放在热水中或蒸汽上解冻,待完全化除冻结后,再用风枪吹除减压器内部的残存水分,绝不允许用火进行烘烤,否则可能对减压器造成损坏。

g. 氧气减压器的压力表,应定期检修,如有损坏或失灵,应购买与之型号相匹配的氧气压力表进行更换,绝不允许用乙炔表或其他系列的表替代使用。

④减压器在使用时,会发生一些不正常的现象,常见故障及防止措施见表7-4。

(10)乙炔减压器与回火防止器。乙炔减压器是供瓶装溶解乙炔减压用的装置,乙炔减压器上设置有两块压力显示表,数字大的(表上标度量程0~2.5)为高压乙炔表,所显示的数值是从乙炔瓶进入高压气室的气体压力,数字小的(表上标度量程0~0.25)为低压乙炔表,所显示的数值是经过调节后可供使用的工作压力,表体设置有安全阀,当输出压力大于0.18MPa时,安全阀就开始泄气,当输出压力达到0.24MPa时,安全阀就全部打开。另外,乙炔减压器的两块压力显示表上,均设置有安全警戒线,在标度盘上的后面有一道较粗的红线,警示操作过程中不可逾越最大许可工作压力,随时观察、区别,加以控制。

氧气减压器的常见故障及防止措施   表 7-4

常见故障	故障原因及部位	防止措施及修理
减压器漏气	减压器连接部分漏气,螺纹配合松动或垫圈损坏	①拧紧螺丝; ②更换新的钢纸垫圈或加石棉绳
	安全阀漏气,活门垫料损坏或弹簧变形	①调整弹簧; ②更换活门垫料(青钢纸和石棉绳)
	减压器上盖薄膜损坏或未拧紧,造成漏气	①更换橡皮薄膜; ②拧紧丝扣
减压器表针爬高(自流)	调节螺杆松开后,气体继续流出,低压表针继续上升,原因是: ①活门或门座上有污物; ②活门密封垫或门座不平(有裂纹); ③回动弹簧损坏,压紧力不够	将活门螺丝松开,取出活门进行检查,按损坏情况处理: ①将活门污物去净; ②不平处用细砂布磨平,如有裂纹要更换新的; ③调整弹簧长度
	调节螺杆已拧到底,但工作压力不升或升得很少,其原因是调压弹簧损坏或传动杆弯曲	拆开减压器盖,更换调压弹簧和传动杆
打开氧气瓶时,高压表表针已表示有氧,但低压表不动作或动作不灵敏	工作时氧气压力下降,或表针有剧烈的跳动,说明减压器内部冻结	用热水加热解冻后,把水分吹干
	低压表已升到工作压力,但使用时突然下降,说明氧气瓶阀门没全打开	继续打开氧气阀门

回火防止器可以防止焊炬(割炬)的回火倒流进入乙炔发生器或乙炔瓶发生爆炸。其作用是使回火熄灭、暂时断气。回火防止器一般加在乙炔气路中,分为开口式低压水封防止器、闭式中压水封防止器和干式防止器。

乙炔减压器的构造与工作原理,与单级反作用式氧气减压器基本相同,所不同的是乙炔减压器的连接采用的是夹环和紧固螺丝来加以固定。在进气口接头上也有区别,氧气减压器的接头是球头紧配合式,乙炔减压器的接头是套入式,直接压在乙炔瓶阀的出口内尼龙密封接口垫上。

5. 火焰及调节

氧—乙炔焊的火焰选用与调节,将直接影响焊接的质量,混合气体内的氧气体积与乙炔气体积的比值是一个很重要的技术数据,它直接决定着火焰的外形、构造、化学性能以及热性能等,所以火焰选用与调节是氧—乙炔焊工艺中最重要的一个环节。

不同的工件与材质,对火焰的要求也不同,控制和调节混合气体内氧气和乙炔气的比例,可以得到所需的火焰。一般根据氧—乙炔焰的外形、颜色及温度,划分为氧化焰、中性焰、碳化焰三种类型,其外观形状与构造如图 7-8 所示。

(1)氧化焰。氧化焰的火焰外形比较短,颜色为蓝色,燃烧时还伴有"嘶、嘶"的声音,氧气比例越大,发出的噪声越大,其氧气与乙炔的体积比为 $\alpha>1.2$,一般在 $\alpha=1.3\sim1.7$,氧化焰燃烧后尚有过剩的氧气。

由于氧化焰在燃烧过程中氧气的浓度比较大，氧化反应比较剧烈，同时焰心、内焰、外焰都缩得较短，焰心和内焰几乎重合，氧气的比例愈大，则整个火焰愈短，所以轮廓也不太明显，氧化焰燃烧时最高温度可达3500℃。

图7-8　氧—乙炔焰的种类、外观形状及其构造
a) 氧化焰；b) 中性焰；c) 碳化焰

氧化焰所需的氧气较多，在焊接作业时，会使熔化的金属氧化以及金属中的合金元素烧损，致使焊缝产生气孔和金相组织改变而变脆硬。因此在焊接钢件时很少采用，在焊接黄铜、青铜等材料时一般使用轻微的氧化焰。

(2) 中性焰。中性焰的火焰外形较氧化焰长，焰心是光亮的蓝白色圆锥形，其氧气与乙炔的体积比为 $\alpha = 1 \sim 1.2$，燃烧后既无过剩的氧气又无过剩的乙炔气。中性焰燃烧时的温度最高可达3150℃。

中性焰由于氧气和乙炔气都得到了充分的燃烧，在焊接作业时，没有过烧和金相组织改变的现象发生，同时由于有外焰的保护，焰心还具有还原性，与熔化金属作用使氧化物还原，从而改善了焊缝的力学性能。中性焰适用于焊接一般的碳钢和有色金属。

(3) 碳化焰。碳化焰又称还原焰，碳化焰的火焰外形又较中性焰长，焰心的光亮略带红色，其氧气与乙炔的体积比为 $\alpha < 1$，一般 $\alpha = 0.85 \sim 0.95$，碳化焰燃烧后尚有部分的乙炔气未燃烧干净，碳化焰燃烧时的最高温度为2700~3000℃。

碳化焰焊接时，内焰中过量的炽热的碳微颗粒溶入熔池，对被焊钢件有增碳的作用，如：低碳钢的焊缝常具有中碳钢的性质，脆性增大，塑性减小，而且容易产生裂纹。轻微的碳化焰一般用于高碳钢、高速钢、铸铁及镁合金等。

6. 焊接的工艺参数

气焊的工艺参数一般指焊丝的牌号及直径、气焊熔剂、火焰的性质以及能效、焊炬的倾斜角度、焊接方向、焊接速度等，是直接影响焊接质量的主要技术数据。

(1) 焊丝牌号的选择，应根据被焊工件材料的力学性能、加工性能和化学成分等方面的技术要求，选择相应性能与成分的焊丝。

焊丝直径的选用，应根据被焊工件的厚度来决定，焊丝的直径与被焊工件的厚度成正比，焊丝的直径如选用过细，焊接时工件尚不具备焊接温度时，焊丝已熔化下滴，容易造成焊接质量缺陷，如选用的焊丝直径过粗，焊丝加热时间过长，使被焊工件过热而扩大热影响区，产生应力变形和金相改变等缺陷。另外焊丝的直径与焊接方法有关，右向焊接时可选用直径较大一点的焊丝，左向焊接时必须选用直径小一点的焊丝。

(2) 气焊熔剂的选择，应根据被焊工件的化学成分和性质来决定，一般碳素结构钢在气

焊作业时不需要气焊熔剂,而不锈钢、耐热钢、铸铁、铝及铝合金、铜及铜合金气焊时则必须使用气焊熔剂,才能使焊接顺利进行,同时保证焊接质量。

(3)气焊火焰的性质,对于焊接质量的影响非常大,应根据不同材料的焊件,正确地选择以及运用火焰。如果混合气体内的氧气量过多时,会造成焊缝金属氧化而出现脆性,使焊接区金属的强度和塑性降低,如果混合气体内乙炔量过多时,则会引起焊缝金属增碳现象发生,而使焊缝区变脆、变硬,同时还会产生气孔等缺陷。

气焊火焰的能效,主要是根据可燃气体的消耗量来决定,一般以每小时为单位计算(L/h),而可燃气体的消耗量又取决于焊炬与焊嘴的大小(这里不参考火焰的种类),一般焊炬的型号以及焊嘴号码的大小决定了对焊件的加热能量和加热范围的大小,如果焊件较厚,金属材料的熔点又较高,焊件的导热性又较好(如铜及铜合金、铝及铝合金),焊缝又是平焊位置,则应选择较大的能效火焰,才能给予焊件有足够的热量,以保证被焊工件能焊透。在焊接薄件或其他位置时,火焰能效应适当减小,防止焊件被烧穿或焊缝组织过热而影响焊接质量。在能效的选用上,有一个实际经验使用规律,为了提高工作效率,在保证焊接质量的前提下,应尽量选择能效较大的火焰。

(4)焊炬的倾斜角度,主要是根据焊件的厚度和熔点以及导热性来决定,若焊件厚度大、熔点及导热性高,需要集中大热量的火焰才能保证焊接质量,所以操作焊炬作业时,应采用较大焊炬倾斜角度;反之,则采用较小的焊炬倾斜角度。总而言之,按照上述的规律特点,根据焊件的厚度、熔点及导热性能等因素灵活地运用。焊炬的倾斜角度不能一成不变,在焊接过程中应根据需要随时调整。在焊接开始时,为了尽快地使焊件加热并迅速形成熔池,应采用较大的焊炬倾斜角度;在焊接结束时,为了更好地填满熔池,应适当减小焊炬倾斜角;当焊接至内角处时,更应不断变换角度和上下跳动火焰,防止焊件烧穿和焊缝过热;当两焊件的厚度不同时,焊炬的火焰应偏向厚件。

(5)焊接方向,指焊接时焊炬与焊丝的移动方向,可划分为左向焊法和右向焊法两种。

左向焊接的操作方法,即焊接过程是从右至左方向运走焊炬与焊丝,焊丝在焊炬前面移动,焊炬的火焰指向被焊工件的未焊部分,由于火焰是指向焊件的未焊部分,因此,左向焊法对金属有预热作用,在薄板焊接时速度快,生产效率高,而且操作简单,容易掌握,也是普遍应用的操作方法,其缺点就是焊缝易氧化,冷却较快。

右向焊接的操作方法,即焊接过程是从左至右方向运走焊炬与焊丝,焊炬在焊丝的前面作后退移动,焊炬的火焰指向工件已焊接成形的焊缝,并覆盖整个熔池,使周围的空气与熔池隔绝,所以能防止焊缝金属的氧化,减少焊缝气孔和夹渣的产生,同时还能缓慢焊缝区的冷却速度,有效地改善了焊缝的金相组织。右向焊接由于焰心距离熔池较近,火焰的热量较为集中,火焰的利用率较高,使熔池增深,所以右向焊接方法适用于较厚、熔点及导热性较高的工件,薄板焊接时,为减少变形也可以采用分段右向焊接方法。其缺点就是右向焊法技术难度大,不易掌握,一般很少采用。

7. 焊接时应注意的事项

(1)在焊接开始时,如果是低碳钢,焊炬首先必须把焊件加热至熔化状态,形成熔池时方可加入焊丝;如果焊件是铜或铜合金,或焊件是低碳钢进行钎焊,只需加热至临界温度即可加入焊丝。

(2)在焊接过程中,如熔池突然变大且没有液态金属流动时,则表示焊件即将烧穿,此时应提高火焰或变换焊炬角度或多加焊丝;如熔池不清晰,有气泡、火花飞溅或熔池沸腾现象,则说明火焰的性质不对,应及时调整火焰后,再进行焊接。

(3)在焊接过程中,如熔池内的液体金属被吹出或形成凹型焊缝,则说明气体的流量过大,应立即调整气流。

(4)在焊接过程中,应保持熔池的大小与深浅一致,才能保证焊出的焊缝均匀,一般通过经验的判断,随机调节焊炬的角度、高度和移动速度,如发现熔池过小,则增大焊炬的角度或降低火焰高度或降低速度;如发现熔池过大,则减小焊炬的角度或提高焊炬高度或加快焊接速度。

8. 运炬方法

运炬方法是否正确,直接影响焊接的质量和焊缝的美观,是不容忽视的,焊炬在焊接时应根据焊件的厚度和材质来决定它的运行方法。一般焊接时按技术要求焊炬应作匀速协调的运动,这样可以不断地搅动熔池,排除熔池内的氧化物和非金属夹渣物,并可获得如鱼鳞状的焊缝。焊炬的运行方法,归纳可以分为三种,如图7-9所示。

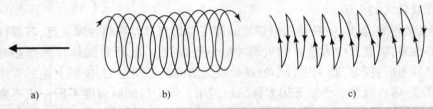

图7-9 焊炬的运行方法
a)一字运行法;b)划圈法;c)波浪法

(1)一字运行法。该方法的技术特点是,焊炬在焊接时只沿着焊缝做直线运动,焊丝在焊炬的前面保持在焰心的前端,使焊丝的熔滴连续加入熔池,只在需要时进行高度和角度调整,此方法适用于焊缝较窄的较薄焊件。

(2)划圈法。该方法的技术特点是,焊炬在焊接时沿着焊缝两边作匀速的连续的弧形划圈动作,不断地搅动熔池,焊丝保持在熔池的中心不作大的摆动。划圈法的难点在于匀速与摆幅两个动作,要求焊缝两边对称,边幅整齐,此方法能取得较大的熔池熔深,所以适用于焊件较厚和焊缝较宽的焊接。

(3)波浪法。该方法的技术特点是,焊炬在焊接时沿着焊缝两边作匀速的摆动,不断地加热和搅动熔池,焊丝在焊缝中心添加熔滴。波浪法技术要求:两边摆幅对称整齐,摆幅间距均匀。此方法取得的熔池和熔深较浅,适用于一般的焊件。

以上三种运炬方法,在实际操作中,须灵活运用,在不同的方位上,可以多种运炬和调整的方法穿插使用,方能取得理想的效果。

9. 焊接方法

在气焊作业中,为了保证焊接质量,对不同方位的焊接,其操作方法有不同的技术要求,根据方位可以划分为平焊、横焊、立焊、仰焊、圆管焊五种。以下所提到的焊件厚度和焊条直径,都是以低碳钢为标准。

(1)平焊。平焊是焊接作业中最常用的一种焊接方法,其操作舒适、简单方便,容易掌握,而且效率高、焊接质量可靠,按技术要求又可细划为对接平焊、搭接平焊、角接平焊三种。

对接平焊的操作方法,如图 7-10a)所示,在焊接前首先将两块焊件进行定位焊,焊接时应注意使焊件两边受热均匀,熔池要保持在焊缝的中心线上,如果是薄板焊件,焊炬放小角度,焊丝处在焰心中,作快速向前移动。

如果是超薄板,应在做弯边处理后,再进行对接焊,焊接时可以不添加焊丝或少加焊丝,只需用焊炬火焰直接熔化弯边即可。

如果是较厚板对接焊时(2~4mm),对接处可预留 1~2mm 的间隙,如图 7-10b)所示,选用粗一点的焊丝(直径 2~2.5mm),加大焊炬的角度和火焰能效,采用合适的运炬方法,以获取较好的熔深。

如果是厚板对接焊时(5~10mm),应开出 60°~80°的坡口,留 2~3mm 的间隙,如图 7-10c)所示,焊接时选用直径 3~4mm 的焊丝和大能效的火焰,选用合适的运炬方法,先焊透坡口底层,再分层次焊接完成。

图 7-10　对接平焊的三种接头形式

搭接平焊,有时候为了方便或增加力度,将两块板料进行叠搭焊接,如图 7-11 所示。焊接时因为上块钢板是棱角受热,散热慢,熔化快,下一块钢板是中部受热,散热快,熔化慢,焊接时应注意两块钢板受热均匀,操作时焊嘴与焊缝不能成一条直线,焊嘴与焊缝走向形成 45°角,焊枪混合气管倒向上钢板,与上下钢板的 90°形成 30°角,火焰偏向下钢板。焊丝放在角的顶端,焊炬匀速摆动前移。

角接平焊的焊接,如图 7-12 所示,焊枪应与焊缝成一条直线,火焰中分 90°,不能偏向立板,注意两块板均匀受热,如果两块板厚度不同,火焰应偏向厚板的一边,使其受热一致。焊接时,靠立板上的焊缝边缘,经常会发生咬边现象,这主要是立板上的熔化金属受自身重力和火焰吹力的影响而造成的,焊接时,焊丝应在形成熔池后才能添加,过早会造成未焊透,形成熔滴敷于表面,影响焊接质量。火焰摆动时,速度应控制得当,当火焰运行至立板一方的焊缝边缘时,应快速下移,这样可以保证焊缝的美观。

图 7-11　搭接平焊　　　　　　　　图 7-12　角接平焊

(2)横焊。横焊是在立面的工件上进行横向焊接,技术难度大于平焊,主要是克服熔池金属自重下滴和火焰的吹力,造成焊瘤。按照接头形式,可划分为横向对接焊和横向搭接焊。

横向对接焊,如图7-13所示,首先必须进行定位焊,焊接时,焊嘴应与焊缝方向形成45°左右的角度,火焰偏向立面的上方,形成70°左右的角度,同时减小火焰的能效,与平焊相比火焰应小10%左右,焊炬应划圈运行,火焰始终向上倾斜,利用火焰的吹力,托住熔池内的金属,防止下滴,焊丝应不离熔池,并不断地将熔池金属向熔池的后上方拖拉,防止熔池堆积而造成下垂、咬边。

横向搭接焊,将两块钢板上下重叠,而焊缝是水平方向,这种焊法称为横向搭接焊,如图7-14所示。焊接时,火焰应对着下钢板的边缘,并向垂直的底部倾斜50°左右,加热时,下钢板的棱角受热较快,焊丝必须等到下钢板加热至熔点时才能添加,并向后拖拉牵引,焊炬应划圈向前匀速运行,火焰稍向上偏移。

图7-13 对接横焊

图7-14 搭接横焊

(3)立焊。立焊的操作是在立面上进行纵向焊接,焊接时一般采用自下而上的焊接方法,立焊与横焊一样,都受熔化金属自重力作用的影响,焊缝难以成形,所以在技术操作上较难掌握。立焊根据搭接形式又可划分为对接立焊、搭接与角接立焊两种。

图7-15 对接立焊

对接立焊的焊前接头定位与其他方位焊接一样,如图7-15所示,只是在焊接时焊炬角度与焊件应保持在60°左右,火焰应向上倾斜,利用火焰的吹力托住熔池向前运行,同时火焰能效比平焊应减小10%,焊丝放在焊嘴的前端,把熔池向上牵引,为防止熔池金属下滴,应尽量少添加焊丝。如果是焊接薄板,熔深、熔池较浅小,应加快焊接速度,焊炬可适当小幅横向摆动,疏散熔池中的热量,促使液体金属冷却成形。

如果是焊接不需开口的较厚工件(2~4mm),火焰可以适当大一点,始焊时,在焊缝的中心划圈加温,形成一个坡面熔池,待熔池的上边缘透底后,再加放焊丝,在焊接过程中,焊炬切忌上下运动,保持焊炬角度,在火焰托住熔池金属的同时,还要保持坡面熔池上行,这样不仅可以获得较美的焊缝,还可以得到质量的保证。

如果是焊接开坡口的厚工件(5~10mm),火焰还可以适当大一点,但不要大于平焊的标准,焊丝选用稍粗一点的,焊丝随焊炬两边匀速摆动,如果是分层施焊,上层的摆动幅度应大于底层。

在焊接搭接与角接立焊时,其操作方法与对接立焊基本相同,如图7-16所示,焊炬自下向上匀速移动,火焰向上倾斜60°左右,焊丝随着火焰做横向运动,疏散熔池的液体金属和热量,如果两块焊件的厚度不一样,火焰应偏向厚的工件,使两边同时受热熔化,防止一边过热、一边无熔池形成,同时注意熔池左右边缘的变化,避免咬边、塌陷等现象发生。

图7-16 搭接与角接立焊

(4)仰焊。仰焊就是焊件置于操作者的头顶,焊接面对着地面而操作者仰面进行施焊的方法。它的施工难度与技术难度都大于前面几种焊接方法,如图7-17所示,操作时应注意如下工艺及操作规程:

仰面施焊时,胶管应有人帮忙牵拉或在旁支撑固定,以减轻焊工的劳动强度。同时注意不要将施焊点放在头顶,手向前斜伸,与身体形成30°~40°的角度,防止飞溅或跌落的液体金属烫伤。

图7-17 仰焊

焊炬与焊件保持60°左右角度,采用比平焊小10%~15%的能效火焰和焊丝,依靠火焰的吹力,促使熔化金属保持在熔池中,焊炬可作适度摆动或跳跃运动加速冷却。

严格控制熔池的温度、大小及深浅,将熔池的液体金属始终保持在较浓的状态,如果是较厚焊件,必须采用分层施焊的方法,防止熔化金属下滴。

仰焊的焊缝形成与焊炬角度、火焰的大小、运炬方法以及焊接方向都有很大的关联,在焊接时一定要灵活运用,及时调整,始终保持熔池表面的集合力。

二、任务实施

1. 施工程序

在任务实施过程中,要知道车顶外板铜钎焊的施工程序,如图7-18所示。

图7-18 轿车车顶外板铜钎焊施工程序

2. 焊接前的准备

(1)安全防护用品:护目镜,防护服,防护手套,劳保鞋。

(2)常用工具:手锤,凿子,钢丝刷,钢丝钳,铁丝或卡箍,钢质通针,开气扳手,打火枪等。

(3)在焊接前首先必须将焊接区的涂层清除,如是原厂件,只需用脱漆溶剂清除表面漆层即可,如图7-19所示;如果已修复过,需用磨光机进行除灰打磨,如图7-20所示。

图7-19 漆层脱离处理　　　图7-20 灰层打磨处理

(4)在处理好表面涂层后,原厂件的焊缝口有密封胶处理,应用塑料焊枪或其他工具加温除掉,或用其他方法刮掉。

(5)在清除密封胶后,应对焊接区用砂纸进行打磨,把焊件表面的底漆及其他残存物除尽,板面光亮,如图7-21所示。

(6)在做完以上工作后,应用除油剂或汽油及其他溶剂,对焊件表面进行除油、除尘等清洁处理,如图7-22所示。

图 7-21 焊件打磨处理

图 7-22 焊件清洁处理

（7）焊件的清理工作完毕后,要对焊件进行焊接定位,定位时应对尺寸精心测量,同时对周边的部件进行必要的保护。

（8）在焊前所有准备完工后,应选用与焊件质量要求相匹配的焊炬、焊嘴,一般汽车车身上的焊件厚度较小,大约在 1mm 左右,适用于 H01—6 的焊炬和 3 号以下的焊嘴,选用合适型号和直径的铜焊条以及有效铜焊粉进行焊接。

3. 铜钎焊焊接施工

（1）点火时,先把焊枪的氧气阀松动一下,再开启乙炔气阀进行点火,这样可避免点燃时黑烟的生成(割枪,则先开启预热氧气阀),如果听到"啪"的响声,说明氧气过大或乙炔气不纯,应减少氧气量或放出胶管内的不纯乙炔;如果火焰远离焊(割)嘴,说明乙炔气过大,如果此时加大氧气,则会吹灭火焰,应减少乙炔即可。

（2）根据工件的几何形状和尺寸,选择正确的焊接方法、角度。

（3）焊缝应平稳快速地一次性完成,不允许反复施焊,避免造成焊缝质量下降。

（4）在立焊、横焊、仰焊作业时,应选用比平焊小一号的焊嘴,防止熔滴下垂。

（5）对于撕裂的薄板焊件,应从裂缝的止端处起焊;两块薄板对接焊时,应先进行定位焊,再进行分段焊接或反向分段焊接,减少热变形。

（6）在气焊铜钎焊操作时,应注意一些技术要领,如:焊件不宜温度过高,焊接速度宜快且一次完成,不宜反复施焊,否则会造成焊料流失、焊缝不成形、焊缝氧化、脆裂等缺陷。操作时采用适宜焊料的火焰,先用火焰把铜焊条加热,沾上铜焊粉,随后将火焰转移到焊件上进行加热,当焊件呈橘红色时,即可把沾有铜焊粉的铜焊条靠近焊缝烧熔,溶在焊缝上,焊条随焊炬火焰向前移动,并不断加热熔料,及时蘸取焊粉,以形成焊缝。

（7）当焊接完工后,应及时对焊缝进行清理,检查焊缝质量是否达到要求,清除熔渣时,只用小铁锤在焊缝表面轻轻敲击即可除去。

4. 安全操作规程

（1）气焊作业前,先清理作业区周边的易燃易爆物品,并对火焰可能涉及区进行有效的保护。

（2）气体开启后,检查连接处、气瓶阀、仪表、橡皮胶管等处是否漏气,只能采用耳听、鼻嗅和涂抹肥皂水等方法检验,严禁用明火的方法检漏。

(3) 遵守气焊工艺施工,选择合适的焊嘴。

(4) 氧气瓶、乙炔气瓶应稳固竖立,或装在专用车的架子上使用。

(5) 如搬动气瓶时,应轻拿、轻放,切忌野蛮抛掷。

(6) 氧气瓶、乙炔气瓶均应避免在阳光下暴晒或热源直接辐射,远离电流感应区。

(7) 遵守《气瓶安全监察规程》,严禁气瓶充装不符合规定的气体。

(8) 气瓶应配置安全帽和专用的手轮以及专用扳手。

(9) 工作完毕后,或者工作地点转移时,应关闭瓶阀,戴上安全帽。

三、评 价 反 馈

1. 自我评价

(1) 通过本学习任务的学习你是否已经知道以下问题。

① 铜钎焊的施工程序。_____

_____

_____。

② 铜钎焊实施时,应注意哪些事项?_____

_____

_____。

(2) 在铜钎焊的施工过程中用到了哪些设备?你是否已经知道了这些设备的正确操作技能?

评价:_____

_____

_____。

(3) 实训过程完成情况。

评价:_____

_____

_____。

(4) 工作着装是否规范?

评价:_____

_____

_____。

(5) 能否积极主动参与工作现场的清洁和整理工作?

评价:_____

_____

_____。

(6) 在完成本学习任务的过程中,你是否主动帮助过其他同学?并和其他同学探讨铜钎焊的有关问题?具体问题是什么?结果是什么?

评价:_____

_____

_____。

(7) 通过本学习任务的学习,你认为哪些方面还有有待进一步改善?

评价:_____

_____

_____。

签名:_____   ____年____月____日

2. 小组评价

小组评价见表7-5。

小 组 评 价　　　　　　　　表7-5

序 号	评价项目	评价情况
1	学习态度是否积极主动	
2	是否服从教学安排	
3	是否达到全勤	
4	着装是否符合要求	
5	是否合理规范地使用仪器和设备	
6	是否按照安全和规范的规程操作	
7	是否遵守学习、实训场地的规章制度	
8	是否积极主动地和他人合作、探讨问题	
9	是否能保持学习、实训场地整洁	
10	团结协作情况	

参与评价的同学签名：_____　　____年____月____日

3. 教师评价

_____

_____。

教师签名：_____　　____年____月____日

学习任务8　汽车水箱的焊接修复

 学习目标

1. 叙述锡钎焊的原理及特点；
2. 知道水箱维修常识与锡钎焊安全操作规程；
3. 分析水箱焊接过程中锡钎焊接头工艺；
4. 根据锡钎焊安全操作规程规范完成所需要的设备、工具以及焊料与焊剂的选用作业；
5. 正确完成水箱的焊接作业。

 任务描述

以水箱焊接修复为例，通过完成该任务，分析锡钎焊的性质、工艺特性和适用范围，知道锡钎焊的操作流程，相关设备、工具以及焊料的运用，能独立完成水箱锡钎焊的施工焊接。

 学习引导

本学习任务沿着以下脉络进行学习：

焊接前准备 → 漏水检查 → 解剖水室 → 捅管清洗 → 芯管更换 → 接管修理 → 装配焊接 → 清理检验

一、相关知识

1. 锡钎焊的原理及特点

（1）锡钎焊（除火焰钎焊外），一般情况下就是利用烙铁头积聚的热能来熔化焊料，操作时将热烙铁挂锡后，接触焊件的焊缝，在加热钎焊处的同时将焊锡流向焊缝之中进行填充衔接，从而完成工件的焊接。

（2）锡钎焊时，必须依靠焊剂的辅助功能，方可完成施工作业。

（3）由于锡钎料的熔点较低，焊件的应力与变形非常小，所以适用于超薄板、仪表、易熔金属和尺寸精度要求较高的焊件焊接。

（4）锡钎焊的效率非常高，几条或者多条焊缝可以同时进行焊接，而且可以对其他焊接方法无法完成的结构与形状复杂的接头进行焊接。

（5）锡钎焊料又可分为锡基钎料和铅基钎料。锡基钎料，含锡量高，流动性好；铅基钎料，含铅量高，硬度大、强度高。一般含铅量高于10%的焊料，不能用于食用器皿的焊接。否则，铅含量大时，易引起人中毒。

2. 锡钎焊料

锡钎焊料的选用，都有一定的技术要求，牌号不同，其成分、用途也有区别，一般在焊接之前，应根据焊件的质量要求和用途来选用。

如果牌号不明，可依据颜色来判断，颜色越白越亮，表示含锡量就越高；反之，颜色越灰暗，则表示含铅量越高。

如果锡焊料是条状体，可通过物理方法进行判断，一般锡焊量高的，弯曲时较柔并发出清脆的细碎响声。

好的锡钎焊料表面无气孔，无夹渣，晶体细小，颜色均匀一致。在汽车维修焊接作业过程中，一般常用的锡钎焊料的含锡量为30%～40%。常用的锡钎焊料牌号、成分及用途见表8-1。

常用锡钎焊料的牌号、成分及用途　　表8-1

牌号	名称	Sn	Sb	Pb	用途
料602	30%锡铅焊料	29%～31%	1.5%～2.0%	余量	用于钎焊散热器、仪表、无线电元件等
料603	40%锡铅焊料	39%～41%	1.5%～2.0%	余量	用于钎焊散热器、仪表、无线电元件等

3. 锡钎焊剂

锡钎焊剂的种类很多，锡钎焊接时，可根据不同材质的工件，针对各类钎剂的作用与性能，进行选用。

（1）氯化锌溶液，是锡钎焊作业中最常用的一种钎剂，在化工店可以购买，也可以自己配制。配制方法：把盐酸倒入玻璃瓶内（注意：切不可用金属器皿盛装盐酸），不断地加入锌块（一般用废电池的外壳锌皮代替），反应至不冒气泡为止，如果冒气泡就继续投放锌块。焊接铜质工件时，配制的氯化锌溶液需加入50%的清水稀释使用；焊接钢质工件时，配制的氯化锌溶液只需加30%的清水稀释即可使用。

（2）稀盐酸，可以直接作为镀锌铁皮的钎剂使用。如果是浓盐酸，在使用时根据工件材质的需要，适当加入清水稀释即可。

（3）焊锡膏，是由74%的石油胶、20%的无水氧化锌、5%的氯化铁以及1%的水配制而成，但焊锡膏具有腐蚀性，在焊接完工后应及时将焊接区残存的药膏清除。

（4）松香，用作钎剂虽然能溶解氧化物，但作用比其他钎剂小，一般用于仪表、无线电等精密零件的焊接，可以直接使用，也可以将松香溶化在酒精内使用。溶化方法：在一个小铁盒内倒入酒精后，用火点燃，将已敲成粉末的松香洒入其中，待粉末溶化为膏状时，吹灭火焰即可。

4. 锡钎焊的接头工艺

锡钎焊一般适用于薄料，在日常施工中，为了达到焊件的技术和强度要求，一般在接头的形式上进行工艺处理，最常见的接头形式有搭接、拼接、咬接、套接、T形接头等，如图8-1所示。

图8-1 锡钎焊的接头形式
a）搭接；b）拼接；c）咬接；d）套接；e）T形接头

5. 水箱维修常识

（1）接管修理。当水箱外层少数芯管损坏长度不大时，可以采用接管法进行修理，用剪刀切除芯管上的破损部分，接上补换芯管。

①操作方法：先用尖嘴钳清除破损芯管两边的散热片，再用剪刀剪下芯管的破损部分，为方便套接操作，应把切口剪成一定的斜度（约15°~30°）。随后选一段芯管，按破损芯管的角度剪切坡口，长度比剪切的部分略长5~10mm，并将两端扩成喇叭口，以方便套接。

②从水箱的芯子两端分别插入整形捅条，把芯管的切口整好后，抽出捅条，随后将接管套好，再插入整形捅条，同时将两个接口整平使接口相互套合，随后就在接口处涂上氯化锌熔液，进行焊接。

③芯管焊接好后，剪两截长度相当的旧散热片卡在接管的两边，如果没有，可用0.3~0.5mm厚的铜片，按照散热片的尺寸剪切，折成锯齿的形状，卡在接管两边。用烙铁在中间点两处焊点，防止脱落，最大限度地恢复芯管的散热功能。

（2）当芯管的损伤程度较低，不至于换管，而又高于轻微伤不能直接施焊时，可以用补管法进行修复。操作方法：先清理查明伤口的范围，再于换下的旧管上剪一块比伤口周边略大一点的材料，经过焊前整理后，放在补贴处，随后在焊缝上涂上氯化锌熔液，进行锡钎焊作业。

（3）水箱芯子经过换管或套管、补管及砂眼补焊等施工后，再仔细检查一遍，得到确认后，就进行水室装配。操作方法：非压边式直接将水室放在主片上，使水室与主片完全吻合，再进行焊接，焊接时一般先从水室的两侧施焊，再进行前后焊接，这样可以防止水室变形。

如果是压边式，应先将水室放进主片的翻边内，用小平锤把翻边依次敲实吻合，再于焊缝上涂氯化锌溶液，把焊缝焊好。

（4）在所有需焊接的地方已焊接后，应对芯管上的焊接处用毛刷进行清洗，然后进行渗漏检验，如有漏点，及时施焊，确保焊接质量。

（5）在芯管修补作业中，切忌对应需更换芯管进行掐管堵焊，这样看起来是方便了许多，但影响了水箱的散热功效，可能造成水温上升等后果。

6. 安全操作规程

（1）在实施锡钎焊作业的准备工作中，应先做好安全防护措施，清理周边场地，必要时进行隔离保护。

（2）在锡焊前应对焊件进行检查，如果是焊接用途不明的盛装容器，还要检查是否有易燃、易爆物品。

（3）用盐酸作为焊剂时，操作时一定要谨慎，如不慎溅入眼中，应立即用清水冲洗，再送医院治疗。

（4）用电烙铁焊接时，不能使用火焰加热，否则，可能造成后部的零件损坏，下次通电作业时有触电的危险。

（5）焊接完工后，混合气源设备，必须关好阀门，使用的烙铁不得随意丢放，防止热烙铁烧坏东西或引发火灾。

二、任务实施

1. 施工程序

在水箱焊接实施过程中,一般根据受损方式将它划为两个施工流程:事故碰撞维修焊接流程和常规维修焊接流程。

在事故碰撞维修焊接时,水箱是经过撞击,首先必须对水箱进行校正,再探明受伤部位与受伤情况,所以它的施工程序(图8-2)与常规流程有所不同。

图8-2 事故碰撞维修焊接流程

从以上流程可以看到,焊接装配后,还要进行漏水检查,二次施焊,这是因为水箱在解剖前,损坏严重不能进行漏水检查,只能凭眼睛直观判断进行修理,这也是与常规维修焊接(图8-3)的区别所在。

图8-3 常规维修焊接流程图

从以上流程中可以看到,常规维修焊接时,首先要清洗水箱表面,因为水箱的散热片在使用中,积累有大量的脏物,清洗好水箱,有利于漏水的检查。还有捅管清洗,也是常规维修中的不可漏掉的工序,捅管清洗既可提高散热功能,又能发现清除芯管腐蚀漏水隐患,如不提前清除,在实施焊接过程中,不需焊接而已经腐蚀的地方,因芯管传热时不能受热而出现不易觉察的网状砂眼,留下隐患造成返修。

2. 焊接前的准备

实施焊接所需设备和工具见表8-2。

设备和工具　　　　　　　　　　　　　　　　　　　表8-2

设备和工具名称	用 途 说 明
氧—乙炔焊接设备	它的火焰能效较高,是一种较方便的高热源,主要作用于锡钎焊时的烙铁加热,一般小批量及单个工件焊接时,可采用此热源
火炉	一般以焦炭、煤炭果、木炭为燃料,火焰能提供大量而又持续的热源,可以同时加热多个烙铁,适应多人操作以及大批量锡焊工件时使用,是较为廉价的热源
喷灯	用于小批量或单人锡焊时的烙铁加热,或在拆装水箱以及更换散热芯管时,提供热源
空气—汽油焊接设备	用一个能充气的储油罐(在厨房用品商店可以购买),在出口处用一根胶管连接到专用焊枪上(在焊接设备商店购买或用小型氧—乙炔焊炬改装),在油罐加油充气后,先打开罐上阀门,再打开焊枪的阀门,此时有经过加压的汽油呈汽雾状从焊枪口喷出,在点火后,直接用火焰加热金属或用于锡钎焊的焊接。这种设备在专业维修水箱的地方最常用,也是锡钎焊速度最快的施工方法
电烙铁	使用交流电源,电压为220V,有多种功率规格,其结构分为前后两部分,尾部将电能转换为热能,头部是储存热能以供加热焊件和熔化焊锡的工作部分,头部工作部分的材质为紫铜,一般加工成多种形状,以便焊接的需要。电功率大小的选用,应与焊件的质量和大小相适应。在锡焊施工中,电烙铁只适用于较薄和较小的焊件
烙铁	比电烙铁少了一个尾部功能,后面是用圆钢筋做成的手把,头部的材质及功能相同,只是加热的方式不同,是由火焰直接加热,形状也是多样的。为了保证焊接质量和必要的加热速度,烙铁的配套应与焊件相适应,一般情况下,大工件和易操作的工件,都可以选择较大的烙铁,由于是手工操作,烙铁的重量不能太大,常用的一般限制在1kg以下,否则不方便使用。同时烙铁的体积限制了热能量积聚,所以,烙铁只适用锡焊的焊接
钳子	锡钎焊时的辅助工具,通常用的有尖嘴钳、老虎钳和板边钳等,尖嘴钳主要用于去掉水箱腐蚀的散热片,老虎钳一般用于散热芯片的更换,板边钳主要作为拆卸水箱上下水室的专用工具
刮刀	也可用断锯条代替,主要用于锡钎焊施工之前,作为清理焊件的工具,刮除焊件接缝处的氧化物和污物
锉刀	主要用于烙铁头氧化层的清除(俗称"清口"),还可以辅助清除焊件表面的氧化层
剪刀	常用的有普通剪刀、尖嘴剪刀两种,普通剪刀主要用于焊补锈蚀工件时,裁料之用;尖嘴剪刀,一般配合尖嘴钳使用,是一种专用工具,用于剪切腐蚀的散热片和散热管

3. 流程实施

(1)水箱校正。当水箱因事故撞击变形后,首先必须进行校正,如水箱比较薄小,只需将水箱放在一块木板上,U形面向下,上面再放一块木板,人站在上面施压即可回位,需要时可用木槌辅助整形。

如果是较厚较大的水箱,可用手动压床进行校正,水箱的摆放参照上述方法,只是注意将变形水箱的弧形中心点对准压床丝杆顶,以利于均匀受力。如图8-4所示。

(2)水箱表面清洗。对水箱表面进行清洗,目的是清除散热片上的污物,以确保对损坏部位检查的精确度,同时可以提高表面的散热效果。清洗的方法有两种:用高压水枪进行喷洗,喷洗时将水枪调成有一定压力的雾状;有条件的地方可以用水蒸气清洗,如图8-5。

(3)漏水检查。在水箱维修过程中最关键的一项就是漏水检查,检查方法有两种:直观检漏法和气压检漏法。

图8-4 水箱手动压床校正

图8-5 水蒸气清洗

直观检漏法,实际上是一种经验判断,主要适用于常规维修和轻微事故碰刮,在水箱未清洗前进行观察,一般水箱是否漏水,只要观察外表有无水垢即可,因为渗漏的地方都有明显的水锈痕迹,如果水箱有水,就有潮湿的水迹。在检查轻微碰刮的水箱时,还可以从明显的新鲜刮痕处查找渗漏。

气压检漏法,就是将压缩空气引入水箱内,堵住进出水管口,然后将水箱放入清水池内,检查水箱的密封性,如果有气泡溢出,说明该处洞穿漏水。在使用压缩空气时,气压不宜过大,因为压力过大,可能会造成水箱内的水垢沉积物堵塞渗漏处,反而给检漏造成困难。如图8-6所示。

经过校正的水箱,如果做气压检漏测试,气流会从大的伤口和裂缝中跑出,无法检查出较小的漏点,只有用直管检漏方法从外表的碰撞处和撕裂处查寻需要更换和修理的地方。

(4)解剖水室。水箱的换管、接管、捅洗,都要解剖上下水室,解剖前应把需脱焊的焊缝进行污物清洁处理,再用稀盐酸清理氧化物,然后涂上氯化锌溶液。

将脱焊的焊缝垂直摆放,然后用空气—汽油火焰或氧—乙炔小号焊嘴火焰,也可用大号烙铁等给焊缝加热,使焊锡熔化,并轻轻敲打水室,促使焊锡迅速淌下,无压边的水室此时便可与主片分离。有压边的水室,此时用钢片小心撬开压边,待冷却后拆下水室。如果水室有碰撞变形的地方,可用木槌敲击修复。

(5)捅管清洗。如果是事故修复,在捅洗之前应对芯管进行整形。操作方法:将水箱芯子固定在一个工作台上,将特制捅片插入芯管中,特制捅片是用弹簧钢做成的,顶端角与周边角,都已倒成光滑的圆角,防止碰伤管壁,它的截面尺寸规格比捅洗捅条稍大,以能插入而不用力即可,如图8-7所示。在插入管中后,对碰剐变形处进行整形修复。

图8-6 气压检漏法

在芯管整形完工后,应对芯管进行捅洗,捅洗是一种廉价而又快速可靠的芯管内腔清洗方法,不管多坚硬的水垢都能清除,是当前盛行的清洗方法。操作方法:就是用捅片把芯子上的每一根芯管从上至下地捅过,使芯管内壁的水垢脱落,随后用高压水枪对准芯管口冲洗一遍即可。

清除水垢,还可用化学方法,先将水箱置入3%~5%的碳酸钠(Na_2CO_3)溶液中,浸泡5~8h,溶液温度应保持在80℃左右,取出水箱时用清水冲洗。然后将水箱放入3%~5%的盐酸(HCL)溶液中浸泡1h,取出时再用清水冲洗干净。

图8-7 水箱捅条

(6)芯管更换。当水箱的芯管破损严重、缺口较大,或内层芯管破损而无法焊补时,一般采用更换芯管的修理方法。更换芯管修理的标准:高档车、停产车,更换芯管总数不超过20%,低档车更换芯管总数不能超过10%,否则,予以报废。

更换水箱芯管就是将损坏的芯管加热后,从芯子上抽除,然后换上新的芯管。具体操作方法:将水箱芯子放在工作台上,插入整形捅片,用火焰或喷灯对准损坏需更换芯管进行加热,加热应沿着损坏芯管上下进行,当焊锡熔化后,即从翻边面用尖嘴钳拔出芯管。在加热时应特别小心,不要烧坏芯管上的散热片,抽出芯管时也应小心,不要把散热片弄乱,给后面的工作带来麻烦。

安装芯管时,在待装芯管中应先插入整形捅片,然后对准芯子上的孔眼,小心缓慢地推入,当定位后把芯子竖起,在翻边的一面用专用工具,将芯管的顶端扩胀开,使芯管与主片完全吻合,再把芯管与主片焊好。

(7) 装配焊接。

① 焊接前应对焊件进行定位,尺寸精确,接头牢靠不松动。

② 焊件的表面及焊缝氧化层、油污,应清理干净,氧化层可用刮刀和断锯条清除,不便清除的可用盐酸腐蚀清除,油污可用汽油或天那水清除。

③ 施焊前,应先用锉刀对烙铁进行清口,然后使烙铁加热至能熔锡料温度,将烙铁口浸入氯化锌溶液中再拿起,在锡料上拖一下,使烙铁口镀上一层锡。

④ 用火焰给烙铁加热时,只能对着烙铁的大头,不能对着烙铁口燃烧,如用热炉给烙铁加热时,只能将烙铁的大头放入火炉中,烙铁口向上。因为直接燃烧或高温都会使烙铁口出现氧化,沾不上焊锡,如果遇到这种情况,应停止焊接,待烙铁冷却后,按上述方法清口、镀锡操作一遍。

⑤ 烙铁温度的高低,对焊接的质量、速度都有很大的影响,因锡焊料的熔点较低,无论锡的含量高低,熔点大致在 180~280℃ 之间,所以烙铁的加热温度最好不要高于 600℃。因此,及时掌握好烙铁温度,也是锡钎焊最基本的操作技术,在焊接过程中,一般是根据受热烙铁放入氯化锌溶液中发出的声音,来判断温度的高低,如温度过高,会发出剧烈的油炸声;如温度适宜,只是发出"吱、吱"声,拿起烙铁观看,烙铁口呈亮白色;如温度过低,只会发出很小的"嘶、嘶"声。

⑥ 烙铁锡焊的操作方法有两种:其一,将已镀锡的烙铁经加热后直接沾上锡,然后将烙铁移到焊件上,给焊件加热的同时,使烙锡熔入焊缝中;其二,右手手持烙铁,左手将经过加工成条状的焊锡,放在焊缝上,用烙铁的温度直接熔化焊锡进行焊接。

⑦ 对于经过清理的焊缝,特别是用盐酸处理过氧化层的焊缝,如不能及时焊接,为防止处理面再次氧化,焊接前应进行挂锡处理。大的工件可以用烫锡法。操作方法:在焊缝清理干净后,涂上一层氯化锌溶液,然后用加热的烙铁把焊锡薄薄地烫一层上去,使处理面不裸露。对于批量大而工件又小的,可以采用镀锡法。操作方法:把焊锡熔化在一个铜质锅里(注意:熔液温度过高,液表会产生氧化物,影响镀锡质量),将经清洁处理过的焊接处涂上一层氯化锌溶液,然后放入熔液中约 1~2min 即可拿出。如果有条件对焊件加温,只需将焊接处从熔液中走一趟即可,这种方法适用于流水作业。

⑧ 对于接头经过工艺处理的焊件,由于其焊缝的搭接覆盖面较宽,为了保证焊接质量,一般采用渗焊法,这种焊接方法操作起来技术难度比较大,要求两焊件的搭接面必须平整,间隙适中,若间隙过大,既浪费焊料又不牢固;若间隙过小,搭接面无法渗进焊料。为了消除焊接缺陷,必要时可采用如下技术处理:

a. 钻孔法。就是在焊件的搭接部分上均匀地打几个孔，以方便焊锡的渗入，这种方法适用于搭接、拼接和套接。

　　b. 镀锡法。就是将两焊件的结合面上均匀地镀上一层锡，再互相搭接吻合，然后进行焊接。必要时，可用烙铁在焊件结合面上烙压，以帮助熔合。

　　⑨镀锌铁皮（俗称白铁皮）的焊接，因它的材质与其他材料的材质不同，表面有一层镀锌层。在焊接前进行焊缝处理时，只需涂上盐酸即可，不需做其他清洁工作，这如同将锌放入盐酸内，会生成氯化锌溶液一样。此时若用抹布擦去污水，即可进行焊接，但质量不能保证，按照技术要求，焊缝还必须涂刷一次盐酸，才能进行焊接。

　（8）焊接时应注意的事项。

　　①在锡焊作业过程中，如发现焊缝不能填满或焊缝塌陷，说明两焊件的间隙过大，应时调整间隙。

　　②焊接时，如发现焊缝成形不好，宽窄不均匀，或出现夹渣，则说明焊件表面的清理工作没有做好，应重新进行氧化层处理或污物清洁处理。

　　③焊接时，如发现焊锡难于附着，可能是钎剂不匹配或钎剂的活性不良，应该更换与材质相匹配的或未失效的钎剂。

　　④在焊接时，如发现焊锡流动不好或晶粒增粗，可能是烙铁的温度下降，不能熔化焊锡所致，应立即加热。

　　⑤在焊接时，如果焊锡随着烙铁移动，可能是焊件的温度不够，表面清洁不好或钎剂未起作用，应放慢焊接速度或进行相应的处理。

　　⑥在焊接过程中，氯化锌溶液有时用于清理氧化物，有时用于焊接部位，因用途不同，应分开盛装，不要混合使用，以免降低功效。

　　⑦用烙铁进行锡焊施工时，因焊接处的加热要靠烙铁积聚的热能量转移传输，所以操作时应尽量保持烙铁头与焊缝面的最大接触。

　（9）清理检验。焊接完毕待工件充分冷却后，用水冲洗表面的剩余焊剂残留物，并用较硬的钢丝刷擦洗金属表面，如果没有清理掉焊缝的焊剂残渣，油漆就不能很好的黏附，而且接头处还可能产生腐蚀和裂纹。

　　当焊缝清理干净后，即对焊缝进行质量检验，如发现咬边、溶蚀、漏焊、焊锡不均匀等现象，应及时采取补焊措施。

三、评 价 反 馈

1. 自我评价

(1)通过本学习任务的学习你是否已经知道以下问题。

①锡钎焊的工作原理及特点。_____
_____
_____。

②锡钎焊的适用范围。_____
_____
_____。

③锡钎焊焊接应注意哪些问题？_____
_____
_____。

(2)在水箱焊接修复的施工过程中用到了哪些设备？你是否已经知道了这些设备的正确操作技能？

评价：_____
_____
_____。

(3)实训过程完成情况。

评价：_____
_____
_____。

(4)工作着装是否规范？

评价：_____
_____
_____。

(5)能否积极主动参与工作现场的清洁和整理工作？

评价：_____
_____
_____。

(6)在完成本学习任务的过程中,你是否主动帮助过其他同学？并和其他同学探讨水箱焊接修复的有关问题？具体问题是什么？结果是什么？

评价：_____
_____
_____。

(7)通过本学习任务的学习,你认为哪些方面还有有待进一步改善？

评价_____

_____
_____ 。

      签名：_____ ____年____月____日

2. 小组评价

小组评价见表8-3。

小 组 评 价 表8-3

序 号	评 价 项 目	评 价 情 况
1	学习态度是否积极主动	
2	是否服从教学安排	
3	是否达到全勤	
4	着装是否符合要求	
5	是否合理规范地使用仪器和设备	
6	是否按照安全和规范的规程操作	
7	是否遵守学习、实训场地的规章制度	
8	是否积极主动地和他人合作、探讨问题	
9	是否能保持学习、实训场地整洁	
10	团结协作情况	

    参与评价的同学签名：_____ ____年____月____日

3. 教师评价

_____
_____ 。

      教师签名：_____ ____年____月____日

学习任务 9　铝板的焊接

学习目标

1. 叙述铝合金焊接的工艺参数选择及注意事项；
2. 知道铝的分类、铝在车身面板中的使用特点及铝合金焊接特性；
3. 分析铝及铝合金焊接缺陷的产生原因；
4. 根据 MIG 焊接流程规范完成对接焊、定位焊操作时防护用品、设备、材料的选用以及铝车身板焊接的焊接机的设置作业；
5. 正确完成典型铝车身板的 MIG 焊接。

任务描述

以轿车铝车身板为例，通过完成该任务，分析铝车身板焊接的特点及 MIG 焊接适用范围，知道铝板焊接的操作流程，相关设备、工具的运用，能独立完成典型轿车铝板的 MIG 焊接。

学习引导

本学习任务沿着以下脉络进行学习：

一、相关知识

1. 铝在车身板中的使用

(1) 铝被用于车身材料的原因。

①铝被越来越多地用于车身,这跟保护环境和节约能源有关。降低车辆重量是环保与节能的有效措施。为了降低车重,用铝代替钢的趋势日渐彰显。

②使用铝合金的优点:

a. 由于铝金属质轻、耐磨、耐腐蚀、弹性好、刚度和强度高、抗冲击性能优、加工成型性好和再生性高等,使用铝合金车身汽车有节能降耗、安全舒适及相对载重能力强等优点。

b. 车辆的保险杠骨架、加强梁或侧防撞梁等,使用铝材有足够的强度和韧性,在发生碰撞时具有良好的吸能特性(比钢板增加50%左右),可以更好地保护车厢内乘员的安全。车辆传动系统使用铝质构件,不但具有足够的强度和韧性,同时还具备良好的导热能力。

c. 由于铝合金不存在锈蚀的现象,故铝合金车身的抗锈蚀能力与普通钢制车身不可同日而语。

(2) 铝及其合金分类。国际上通常以美国铝协会制定的代号表示法将铝及铝合金划分为两大系列。

①变形铝合金,采用一个四位数系统,合金成分系列见表9-1。

变形铝合金系列的合金成分代号　　　　　表9-1

代　号	合　金　成　分
1×××	表示未合金化(即纯铝)的控制成分
2×××	合金中铜是主要的合金元素,其他元素,特别是镁,可以规定一定含量
3×××	合金中锰是主要的合金元素
4×××	合金中硅是主要的合金元素
5×××	合金中镁是主要的合金元素
6×××	合金中镁和硅是主要的合金元素
7×××	合金中锌是主要的合金元素,其他元素如铜、镁、铬和锆,可以规定一定含量
8×××	合金中包括锡及锂的成分,表示不属上述各系列的合金成分
9×××	留用

②铸铝及其合金,成分可用一个三位数系统后跟一个小数点与数字来表示。在铸锭熔化和加工后在化学成分上应符合铸造规范的要求。铸铝及其合金成分系列见表9-2。

(3) 铝板在典型车型中的应用。以日本丰田车系的应用为例:LEXUS SC430、LEXUS IS300 和 PRIUS 等车型的面板上所采用的铝板,为确保材料强度和可成型性,在铝中添加了各种材料。有7种不同类型的铝合金,涵盖1000系列至7000系列。非热处理型为1000、

3000、4000 和 5000 系列；热处理型为 2000、6000 和 7000 系列（所有材料牌号参照 AWS 标准，下同）。

铸铝及其合金系列的合金成分代号　　　　　　　　　　　　　　表 9-2

代　号	合　金　成　分
1××.×	表示未合金化铝（即纯铝）的控制成分
2××.×	合金中铜是主要的合金元素，可以规定其他合金元素
3××.×	合金中硅是主要的合金元素，可以规定其他合金元素，如铜和镁
4××.×	合金中硅是主要的合金元素
5××.×	合金中镁是主要的合金元素
6××.×	未使用
7××.×	合金中锌是主要的合金元素，可以规定其他合金元素，如铜和镁
8××.×	合金中锡是主要的合金元素
9××.×	未使用

LEXUS SC430、IS300 和 PRIUS 上使用的铝合金情况说明，见图 9-1。

2. 铝及铝合金的焊接特性

（1）导热性强，热熔量大（约为钢的 3～4 倍），焊接过程中大量的热量被迅速传导到基体金属内部。因此，焊接铝及铝合金比钢要消耗更多的热量，焊前常需采取预热（薄、小铝件一般不用预热）等工艺措施。也难以在一个集中点加热铝合金。

（2）铝合金板熔点低（660℃），其合金更低（铝合金系列为 595℃，铝锌系列为 475℃）。其熔点仅为钢（钢板熔点为 1540℃）的一半。另外还有一个特性：钢在熔化前会变为红色，而铝合金在快要熔化前没有任何颜色变化，即液态和固态无颜色的变化。而且一旦达到熔点，铝合金就会立刻化开（没有任何征兆）。这种性质很不好。

（3）电导率高，是钢板的 3 倍。在电阻焊接中，电能的需要比焊接钢时高，故无法在一般的车身维修车间进行点焊。需使用大型和重型设备，选用功率密度大的焊接方法。

（4）在常温下，其表面与空气形成一层致密的氧化膜（Al_2O_3），厚度约 $0.1\mu m$，熔点为 2050℃，远远超过铝及铝合金的熔点（约 660℃），而且体积质量大，约为铝的 1.4 倍。氧化膜具有防锈特性。但在焊接过程中，氧化铝薄膜会阻碍金属之间的良好熔合，容易引起夹渣。氧化膜还会吸附水分，焊接时会促使焊缝生成气孔。因此，焊前必须严格清理焊件表面的氧化物，并加强焊接区域的保护。

（5）线膨胀系数大（约为钢的 2 倍）。如果未按照适当焊接步骤操作，则很容易对铝板造成损伤。铝合金中的锰、镁、锌等在高温时极易蒸发。

（6）硬化收缩率是钢的 1.5 倍。因为铝合金在硬化后容易断裂，所以在对其进行加热和冷却时须特别小心。

（7）氢在铝的液态和固态的溶解度相差 20 倍左右，所以在气体金属电弧焊接中，焊缝冷却速度过快，氢不易折出，而在钨极气体电弧焊接时，气孔倾向小于气体金属电弧焊接。

图 9-1　铝板在丰田典型车型中的应用
a) LEXUS SC430；b) LEXUS IS300；c) PRIUS

（8）尽管铝合金有各种各样的卓越特性，但与钢相比，它缺少可加工性。简而言之，与钢相比，铝更柔软，更容易拉伸。由于铝较软，敲击时应当使用木槌。同样，在打磨时须特别小心，避免在表面造成深的刮痕或切痕。进行垫圈焊接时需使用一种特殊焊机。无法使用用于焊接钢板的垫圈焊机。对于 MIG 焊接，一般借助 100% 氩气才能进行焊接。无法使用二氧化碳气体或混有氩气的二氧化碳气体。

3. 铝合金焊接的参数选择及注意事项

（1）MIG焊的焊接参数有焊丝直径、焊接电流、电弧电压、(焊接速度)、保护气流量等。

①铝合金的MIG焊对杂质敏感,而且铝的材质较软,为最大限度保证焊缝质量和送丝稳定可靠,MIG焊通常采用直流反极性连接,为了获得稳定的射流过渡电弧。一般希望焊接电流超过"临界电流"值。由于临界电流的限制,在焊接厚度小于3mm的焊件时,须采用很细的焊丝,这给送丝造成很大困难。其推丝式送丝机构应是双主动送丝(CO_2专用焊机的送丝机构可以用单主动送丝),选用尽可能粗的焊丝进行焊接。

②薄板焊接一般不开坡口,厚度小于3mm可采用卷边接头。

③为了获得良好的焊接效果,必须要有适当的电弧长度,而电弧电压取决于电弧长度：

a. 电弧电压适当,能获得良好的焊接效果(听到流畅的"吱吱"声音),见图9-2 b)。

b. 电弧电压升高,电弧长度增长,导致熔池变小,焊珠高,熔深变浅,听到"吧嗒"的声音。见图9-2a)、图9-3a)。

c. 电弧电压降低,电弧长度缩短,导致熔池变宽变深,熔渣增多,焊珠低,听到"嘭、嘭"的声音,见图9-2c)、图9-3b)。

图9-2 电弧电压和焊珠
a)电弧电压低；b)电弧电压适中；c)电弧电压高

图9-3 电弧电压太高、太低的不同声音
a)电弧电压太高；b)电弧电压太低

④铝合金焊接一般用较快的焊接速度,具体见表9-5。

⑤MIG焊所需的气体流量大,通常为10~15L/min,甚至是30~60L/min,喷嘴孔径也相应地应有所增加,有时甚至要用双层喷嘴、双层气流保护。

⑥同时要注意焊丝的伸出长度对保护效果、电弧稳定性和焊缝成形的影响。

（2）对铝合金的MIG焊的注意事项。

①MIG焊工艺参数选择的一般方法：根据板厚选择焊丝直径,然后,根据熔滴过渡形式选择焊接电流I,最后根据I选择合适的电弧电压U、焊接速度v及气体流量。

②坡口角度可大至90°，但要留足够的钝边。

③建议尽量选用带脉冲的焊机，用脉冲电流焊接，若需单面焊双面成形时更应如此，并建议用衬垫或双脉冲焊接，注意背面保护。

④现在的技术已可以使铝合金MIG焊时，以粗丝焊薄板。如Fronius的全数字化焊机就可以用Φ1.2mm的铝焊丝MIG对接焊0.8mm的铝板。

⑤脉冲喷射过渡的焊接效果较好，厚薄板、打底、填充、盖面、全位置焊均可，但要有带脉冲功能的焊机（普通焊机不可）。

4. 铝及铝合金焊接缺陷原因分析

铝及铝合金MIG焊时，焊接接头常见的缺陷主要有焊缝成形差、裂纹、气孔、烧穿、未焊透、未熔合、夹渣等。

(1)焊缝成形差的产生原因与防止措施。焊缝成型差主要表现在：焊缝波纹不美观，且不光亮；焊缝弯曲不直，宽窄不一，接头太多；焊缝中心突起，两边平坦或凹陷；焊缝满溢等。

①产生原因：焊接规范选择不当；焊枪角度不正确；操作不熟练；导电嘴孔径太大；焊接电弧没有严格对准坡口中心；焊丝、焊件及保护气体中含有水分。

②防止措施：反复调试选择合适的焊接规范；保持焊枪合适的倾角；加强技能训练；选择合适的导电嘴径；力求使焊接电弧与坡口严格对准；焊前仔细清理焊丝、焊件；保证保护气体的纯度。

(2)裂纹的产生原因与防止措施。铝及铝合金焊缝中的裂纹是在焊缝金属结晶过程中产生的，称为热裂纹，又称结晶裂纹。其形式有纵向裂纹、横向裂纹（往往扩展到基体金属），还有根部裂纹、弧坑裂纹等。裂纹将使结构强度降低，甚至引起整个结构的突然破坏，因此是完全不允许的。

①产生原因：焊缝隙的深宽比过大；焊缝末端的弧坑冷却快；焊丝成分与母材不匹配；操作技术不正确。

②防止措施：适当提高电弧电压或减小焊接电流，以加宽焊道而减小熔深；适当地填满弧坑并采用衰减措施减小冷却速度；保证焊丝与母材合理匹配；选择合适的焊接参数、焊接顺序，适当增加焊接速度，需要预热的要采取预热措施。

(3)气孔的产生原因与防止措施。在铝及铝合金MIG焊中，气孔是最常见的一种缺陷（图9-4）。要彻底清除焊缝中的气孔是很难办到的，只能是最大限度地减小其含量。按其种类，铝焊缝中的气孔主要有表面气孔、弥散气孔、局部密集气孔、单个大气孔、根部链状气孔、柱状气孔等。气孔不但会降低焊缝的致密性，减小接头的承载面积，而且使接头的强度、塑性降低，特别是冷弯角和冲击韧性降低更多，必须加以预防。

①产生原因：气体保护不良，保护气体不纯；焊丝、焊件被污染；大气中的绝对湿度过大；电弧不稳，电弧过长；焊丝伸出长度过长；喷嘴与焊件之间的距离过大；焊丝直径与坡口形式选择不当；在同一部位重复起弧，接头数太多。

②防止措施：保证气体质量，适当增加保护气体流量，以排除焊接区的全部空气，消除气体喷嘴处飞溅物，使保护气流均匀，焊接区要有防止空气流动措施，防止空气侵入焊接区，保护气体流量过大，要适当减少流量；焊前仔细清理焊丝、焊件表面的油、污、锈、垢和氧化膜，采用含脱氧剂较高的焊丝；合理选择焊接场所；适当减少电弧长度；保持喷嘴与焊件之间的

合理距离范围;尽量选择较粗的焊丝,同时增加工件坡口的钝边厚度,一方面可以允许使用大电流,也使焊缝金属中焊丝比例下降,这对减少气孔的产生是行之有效的;尽量不要在同一部位重复起弧,重复起弧时要对起弧处进行打磨或刮除清理;一道焊缝一旦起弧后要尽量焊长些,不要随意断弧,以减少接头量,在接头处需要有一定的焊缝重叠区域。

缺陷:保护气体没有覆盖整个熔池,而是偏向一边。

后果:在焊缝中产生很多气孔。

图9-4 气孔缺陷

(4)烧穿的产生原因与防止措施。

①产生原因:热输入量过大;坡口加工不当,焊件装配间隙过大;点固焊时焊点间距过大,焊接过程中产生较大的变形量;操作姿势不正确。

②防止措施:适当减小焊接电流、电弧电压,提高焊接速度;加大钝边尺寸,减小根部间隙;适当减小点固焊时焊点间距;焊接过程中,手握焊枪姿势要正确,操作要熟练。

(5)未焊透的产生原因与防止措施。

①产生原因:焊接速度过快,电弧过长;坡口加工不当,装配间隙过小;焊接技术较差,操作姿势掌握不当;焊接规范过小;焊接电流不稳定。

②防止措施:适当减慢焊接速度,压低电弧;适当减小钝边或增加根部间隙;使焊枪角度保证焊接时获得最大熔深,电弧始终保持在焊接熔池的前沿,焊接姿势要正确;增加焊接电流及电弧电压,保证母材足够的热输入获得量;增加稳压电源装置或避开用电高峰。

(6)未熔合及产生原因与防止措施。

①产生原因:焊接部位氧化膜或锈未清除干净;热输入不足;焊接操作技术不当。

②防止措施:焊前仔细清理待焊处表面;增大焊接电流、电弧电压,降低焊接速度;焊接时要稍微采用运条方式,在坡口面上有瞬间停歇,焊丝在熔池的前沿,提高焊工技术。

(7)夹渣的产生原因与防止措施。

①产生原因:焊前清理不彻底;焊接电流过大,导致电嘴局部熔化混入熔池而形成夹渣;焊接速度过高。

②防止措施:加强焊接前的清理工作,多道焊时,每焊完一道同样要进行焊缝清理;在保证熔透的情况下,适当减小焊接电流,大电流焊接时,导电嘴不要压得太低;适当降低速度,采用含脱氧剂较高的焊丝,增大电弧电压。

二、任务实施

1. 施工程序

在任务实施过程中,首先要正确掌握铝合金板对接焊接的施工程序,如图9-5所示。

图9-5 铝合金板对头焊接的施工程序

2. 焊接前的准备

(1)安全防护。包括焊接安全防护与环境条件。铝必须在无尘、干燥的环境下焊接或保存。工作时必须穿戴干净的工作服和手套。

①铝合金板 MIG 焊时弧光较强,所以焊接时焊工必须戴面罩,穿厚帆布工作服和戴焊工用皮手套(图9-6)。面罩上的护目镜片根据焊接电流来选择。

②铝合金板 MIG 焊的紫外线极强,同时焊接过程中还能产生许多有害气体(如 CO_2 和 CO)、金属粉尘和清洁剂的蒸气等有害物质。为此焊接作业处应当适当通风,但风速不得大于 0.5m/s,以防破坏气体保护效果。

(2)施工设备及工具。焊钢用的工具不能用于焊铝,铝对划痕的影响很敏感,因此不能用尖锐的刻划工具刻痕或用印记机压印。通常,可采用铅笔进行标记。在用挤压、锤击和火焰校正法校正铝的变形时也必须遵循上述原则。此外,火焰校正法只有在向厂商咨询后才能实行。根部间隙焊接时,易产生氧化物夹杂,为了防止夹杂,可采取先打底焊,敲渣后再封焊的措施,也可以采取使用垫板的方法。

图9-6 焊接作业过程中使用的防护用品
a) 焊接准备,防秀处理防护用品;b) 焊机焊接作业防护用品;c) 打磨焊点防护用品

① MIG 焊设备组成及要求。

组成：电源、控制系统、送丝系统、焊枪及行走系统（自动焊）、供气系统、（水冷系统）等（图9-7）。市场上所售的大多数焊机,只需将保护气体从二氧化碳变为氩气,并且大多数送丝方式采用双轮双主动送丝,焊丝变为铝丝。用于铝板焊接的焊机在进行任何改装之前,请向焊接设备供应商咨询,并参考焊机操作手册。

图9-7 铝合金板对接焊的 MIG 焊设备

② 保护气的选用。

a. 用纯氩气作为保护气可以保证稳定的熔滴过渡,氩气是一种无色、无味和无毒的惰性气体,几乎不与任何金属发生化学反应,也不溶于金属中,其密度是空气的 1.4 倍,所以焊接时对电弧和熔池金属有较好的覆盖作用,隔离了空气中的氧气和氮气,适合于焊接铝、铜和不锈钢等金属。

b. 在焊缝强度和防止氢气孔方面比采用氩与氦混合气的效果要差。实践证明含有 30%~70% 氦的氩与氦的混合气有许多优点。最常用的混合气是 50% 的氦和 50% 的氩。

对于相同的弧长,氦的含量越高,电弧电压越高。不同氩与氦混合比下的焊接效果有差异。

c. 气体流量:短路电弧 12~15L/min;喷射和脉冲电弧 15~20L/min。相对于焊接钢质车身,气体流量应增加 50%。

d. 焊缝形状:氦的含量越高,焊缝越宽,熔深越深,焊缝成形越好。可用于高速焊接。

③焊丝选用。

a. 应综合考虑母材的化学成分、力学性能和使用条件等因素,并应符合表 9-3 的要求。

根据母材成分选用焊丝 表 9-3

铝及铝合金类型	焊 丝 选 用
纯铝	选用纯度与母材相近的焊丝
铝镁合金	选用含镁量等于或略高于母材的焊丝
铝锰合金	选用与母材成分相近的焊丝或铝硅合金焊丝
异种铝合金	选用与抗拉强度高一侧的母材相近的焊丝
铝及铝合金	母材切条作填充金属

铝及铝合金焊丝选用,根据焊接工件材料牌号,选用相同焊丝材料牌号进行焊接,可以获得优良的焊接质量(具体参考国家标准 GB 50236 选用)。

b. 焊丝材料。对于铝合金板系列,丰田公司最常使用 5000 和 6000。5356(焊丝编码)属于 5000 系列,由铝和镁合金组成。

c. 焊丝直径。基本上焊丝直径是参考板厚及焊接电流来确定的。对于一般应用类型,请查看使用手册或咨询设备供应商。丰田汽车公司已确认,1.0mm 厚的铝板使用直径为 0.6~0.8mm 的焊丝效果比较好。

(3)去除油漆和氧化膜等的清理工作,防止产生气孔、夹渣。

①坡口及其附近的表面可用装有 80 号砂轮的砂轮机除去周围的油漆涂层。当去除油漆后的铝板暴露于空气中时,很快就会生成一层氧化膜。氧化膜密度高、硬度大。会阻止底材金属焊接在一起。另外,还易于导致铝板变形(特别是薄的铝板),从而增大修理范围。

②在焊接前须打磨表面以快速去除氧化膜。即要求进行焊前清理:焊前应对焊件坡口、垫板及焊丝进行氧化膜和油污清理,否则焊缝抗腐蚀力下降,并且容易引起气孔。

③清理方法:先用丙酮或四氯化碳等有机溶剂除去表面油污,两侧的清理范围不应小于 50mm。清洁工具应定期进行脱脂处理。清理好的焊件和焊丝不得有水迹、碱迹或被玷污。

a. 化学清洗:化学清洗效率高,质量稳定,适用于清理焊丝及尺寸不大、成批生产的工件。可用浸洗法和擦洗法两种。

b. 机械清理:在工件尺寸较大、生产周期较长、多层焊或化学清洗后又被玷污时,常采用机械清理。先用丙酮、汽油等有机溶剂擦拭表面以除油,随后直接用直径为 0.15~0.2mm 的铜丝刷子或不锈钢丝刷子刷,刷到露出金属光泽为止。一般不宜用砂轮或普通砂纸打磨,以免砂粒留在金属表面,焊接时进入熔池产生夹渣等缺陷。另外也可用锉削、刮削、铣削、刮刀等清理待焊表面。清理后如存放时间过长(超过 24h)应当重新处理。

(4) 将焊口表面清洁、夹紧(图 9-8)。

图 9-8　焊口表面清洁与夹紧

(5) 在支架上安装并固定好焊丝盘(图 9-9)。

图 9-9　安装并固定焊丝盘

(6) 装上各接头和接口(图 9-10)。

> **注意**
>
> 使用没有任何铁颗粒的新砂纸。两种金属(铝和钢)接触时会发生腐蚀。如需使用钢丝刷,请使用不会导致腐蚀的不锈钢刷。还应准备一套单独的铝制工具,并清洗锤子和手顶铁。

3. MIG 焊施工

铝及其合金的焊接通常使用惰性气体保护焊,因铝及其合金的特性,其施工要求有其特殊性。在进行铝车身修复前,应查看相关资料以确认板材的成分,并严格按照厂家的要求进行修复操作,不该焊接的部位绝不能进行焊接。

图9-10　装接头和接口

(1) 焊接机设置。

①依照使用手册调整焊接机上的各种功能,参考焊机的使用说明,调整工艺参数。确认合适的电流和电压设置(表9-4)。

焊接电流与焊丝直径和焊件厚度的关系　　　　　　　　　　　　　表9-4

焊丝直径	焊件厚度(mm)						
(mm)	0.4	0.8	1.0	1.2	1.5	2.5	3.0
0.4	20~30A	30~40A	40~50A	50~60A	—	—	—
0.8	—	—	40~50A	50~60A	60~90A	100~120A	—
>0.8	—	—	—	—	60~90A	100~120A	120~150A

按照焊机的使用说明调整电压和送丝速度,但说明书上给出的数值一般是大概的数值,维修技师应该根据自己的经验和实际情况做出相应的调整。进行钢质车身焊接时,电压和送丝速度调整到正常值,焊接部位会发出平稳清脆的"吱吱"声,而铝材焊接时会发出平稳沉闷的"嗡嗡"声。

②以同样材质和厚度的试板进行试焊(图9-11)。

图9-11　测试件上试焊

③观察焊珠的熔深和焊珠(图9-12、图9-13)。

④确认焊机是否调整正确,再使用相同设置进行实际修理。

(2)定位焊接。对接焊接区较长时,则使用定位焊接,以防止翘曲(图9-14)。步骤如下:

①将两片薄铝板实施定位焊接,可使两片板先定位并且可防止主焊接时产生热变形。

②焊枪与焊接部位应尽近垂直,稳定地支撑焊枪,电弧对准目标中心点(图9-15)。

图9-12 查看金属池

图9-13 试焊的焊珠及熔深的优劣比较

a)

b)

图9-14 两种焊接形式
a)定位焊;b)对焊

图9-15 焊枪的稳定支撑

③电弧产生:

a. 将焊枪喷嘴末端靠近板件；
b. 使焊枪开关置于"ON"，将焊线末端接触板件以产生电弧。
④如果开始焊接前焊丝头部黏附有焊接材料（图9-16），则会导致电弧生成不良。将焊丝端部切至一个合适的长度（图9-17）。

图9-16　错误（材料黏附）

图9-17　正确

图9-18　Ⅰ～Ⅴ的顺序可帮助板件分散热量以防产生热变形

（3）焊接过程。
①以稳定的姿势移动，防止焊枪晃动（图9-18）。
②对准定点焊接的末端（图9-19）。
③重复地将开关置于"ON"和"OFF"。
④以焊珠连接定位焊接的点（图9-20）。

a. 焊枪操作：建议使用焊枪时间歇性地打开和关闭焊枪开关（间歇操作），以防止出现热蓄积，以及减少焊接烧穿表面的可能，见图9-21。

图9-19　焊丝应对准前一焊珠末端

图9-20　以一定的宽度与高度焊接每个焊珠

b. 焊接过程中，请仔细观察熔池、焊丝和焊珠。铝板表面受热时不会变色，所以应当小心判断焊接质量。

c. 开始焊接操作时，焊珠较冷，且焊接穿透度较薄。在焊接过程中，随着热量在材料中蓄积，焊接穿透度会提高，见图9-22。在接缝一侧进行引焊，并在达到良好的穿透度时，在接缝上方保持适当的焊枪控制。

d. 与钢板相比，铝板受热会影响其穿透质量，并可能会导致熔透问题。这种情况发生时，停止焊接，使工件冷却下来，降低电流，然后重新开始操作。

图 9-21 间歇操作焊枪开关焊接

e. 在 MIG 焊接过程中,使用前进方法移动焊枪(图 9-23)。这样做是为了不使空气与保护气体混合,从而获得稳定的电弧。如果不使用前进方法,就无法获得想要的焊接效果。

f. 焊枪向前移动(焊接速度参照表 9-5),保持大约 10°~15°角。在 MIG 焊接中,电弧具有很强的强度,所以电弧会沿送丝的方向向前猛进(图 9-24)。如果焊枪角度过度倾斜,则焊丝将焊枪前面的熔化金属推出的力会变得很强,导致大量熔液溅出,穿透不良。

图 9-22 正确焊枪控制　　图 9-23 前进方法移动焊枪　　图 9-24 焊丝的电弧强度

焊接速度与焊件厚度的关系表　　表 9-5

焊件厚度(mm)	焊接速度(cm/min)	焊件厚度(mm)	焊接速度(cm/min)
0.8	105.0~115.0	1.2	90.0~100.0
>0.8	100.0	1.5	80.0~85.0

(4)研磨焊珠。用研磨机研磨去除焊珠和焊珠周围的区域。参见图3-32、图3-33。

注意

小心不要过度研磨,否则可能会减弱铝板的强度。确保仅使用铝用砂轮,以避免焊接表面遭到铁等材料的污染(这些材料具有腐蚀效应)。

(5)焊接质量检验。

①外观检查:以肉眼观察为主。

a. 观察焊缝外观(图9-25、图9-26)。

图9-25 焊缝截面效果图

图9-26 焊缝正面及背面效果图

b. 评估焊接的完整性。

②超声波探伤检验。超声波可以检验任何焊件材料、任何部位的缺陷,并且能较灵敏地发现缺陷位置,但对缺陷的性质、形状和大小较难确定,所以超声波探伤常与射线检验(如X射线)配合使用。

三、评 价 反 馈

1. 自我评价

(1)通过本学习任务的学习你是否已经知道以下问题。

①铝合金板对接焊接的施工程序。_____
_____
_____。

②铝合金在车身面板中的使用特点。_____
_____
_____。

③铝合金的焊接特性。_____
_____
_____。

(2)在铝合金板 MIG 焊的施工过程中用到了哪些设备？你是否已经知道了这些设备的正确操作技能？

评价：_____
_____。

(3)实训过程完成情况。

评价：_____
_____
_____。

(4)工作着装是否规范？

评价：_____
_____。

(5)能否积极主动参与工作现场的清洁和整理工作？

评价：_____
_____。

(6)在完成本学习任务的过程中,你是否主动帮助过其他同学？并和其他同学探讨铝合金板 MIG 焊的有关问题？具体问题是什么？结果是什么？

评价：_____
_____
_____。

(7) 通过本学习任务的学习,你认为哪些方面还有待进一步改善?

评价:_____

_____。

签名:_____　　____年____月____日

2. 小组评价

小组评价见表9-6。

小组评价　　　　　　　　　　表9-6

序号	评价项目	评价情况
1	学习态度是否积极主动	
2	是否服从教学安排	
3	是否达到全勤	
4	着装是否符合要求	
5	是否合理规范地使用仪器和设备	
6	是否按照安全和规范的规程操作	
7	是否遵守学习、实训场地的规章制度	
8	是否积极主动地和他人合作、探讨问题	
9	是否能保持学习、实训场地整洁	
10	团结协作情况	

参与评价的同学签名:_____　　____年____月____日

3. 教师评价

_____

_____。

教师签名:_____　　____年____月____日

学习任务 10　车身钣金件的切割

学习目标

1. 叙述氧—乙炔焰切割（气割）和空气等离子弧切割的工作原理；
2. 知道气割与空气等离子切割的操作安全防护与环境条件、切割设备连接及准备事项；
3. 分析气割与空气等离子弧切割工艺参数的选择与调整；
4. 根据钣金件切割操作流程规范完成空气等离子弧切割、气割作业；
5. 正确完成手工气割与空气等离子弧切割的施工过程。

任务描述

以轿车车身上的高强度钢或高强度合金钢零部件进行金属切割为例，通过完成该任务，分析空气等离子弧切割、气割的适用范围，知道切割设备的连接、工艺参数的选择与调整，在个人安全防护的前提下，能独立完成手工气割与空气等离子弧切割的施工。

学习引导

本学习任务沿着以下脉络进行学习：

（汽车上 3mm 以下的碳钢、低合金钢的空气等离子弧切割的学习）

（汽车上 3mm 以上的碳钢、低合金钢的氧—乙炔焰切割的学习）

一、相关知识

车身钣金件切割的常用方法有冲裁、等离子切割、电动剪、气动剪、砂轮机切割、氧—乙炔焰切割（气割）、手动剪等。本任务主要介绍气割和等离子弧切割。

气割基本原理是利用可燃气体加上氧气混合燃烧的预热火焰，将金属加热到燃烧点，然后加大氧气以便将金属吹开。加热、燃烧、吹渣过程连续进行，并随着割炬的移动而形成割缝。气割的特点：切割效率高，切割钢的速度比其他机械切割方法快；机械方法难以切割的截面形状和厚度，采用氧—乙炔焰切割比较经济；切割设备的投资比机械切割设备的投资低；切割设备轻便，可用于野外作业；割小圆弧时，能迅速改变切割方向；切割大型工件时，不用移动工件，借助移动氧—乙炔火焰，便能迅速切割；切割的尺寸公差，劣于机械方法；热火焰和排出的赤热熔渣存在发生火灾以及烧坏设备和烧伤操作工的危险；切割时，燃气的燃烧和金属的氧化，需要采用合适的烟尘控制装置和通风装置；切割材料受到限制（如铜、铝、不锈钢、铸铁等不能用氧—乙炔焰切割）；热影响区大，变形严重。

目前，在汽车车身修理时，等离子弧切割正在取代氧—乙炔焰切割，成为当今汽车行业金属切割的最先进的方法，它能够迅速有效地切割受损坏的金属而不改变母材的性能。

因为现在很多整体式车身的轿车上都装有高强度钢或高强度合金钢零部件，火焰切割法不适用于这两种钢材。等离子弧切割具有产生的热量多、运行速度快和输入的热量少等特点，再加上它可以轻易地切割生锈的、带有油漆或覆盖层的金属，因此，它在汽车车身修理领域是一种理想的切割方法。

等离子弧切割（即等离子空气切割）的实质是在极小的范围内产生一般很强的热气流，这股热气流熔化并带走金属。采用这种方法，可以很整齐地切割金属。此外，由于热量非常集中，甚至在切割薄金属板时，也不会使金属板弯曲。

1. 等离子弧切割的原理

（1）等离子体的概念。等离子体是一种特殊的物质，现代物理学中把它列于物质三态（固态、液态、气态）之后，称为物质第四态。在电弧的产生中提到气体的电离问题，即气体在获得足够能量的时候，便会使中性的气体分子或原子电离成带正电的离子和带负电的电子。充分电离的气体就是等离子体。由于等离子体具有较好的导电能力、极高的温度和导热性，能量又高度集中，因而对于熔化一些难熔的金属和非金属非常有利。

（2）等离子弧的产生。以前所说的电弧，由于未受到外界的约束，故称为自由电弧。在电弧区内的气体是未被充分电离的，能量不能高度集中。为了提高弧柱的温度，可以增大电弧电流和电压，但是由于弧柱直径与电弧电流和电压成正比，因而弧柱中的电流密度近乎等于常数，其温度也就被限制在 5000～6000℃范围内。如果对自由电弧的弧柱进行强迫"压缩"，就能获得导电截面收缩比较小而能量更加集中的电弧——等离子弧。这种强迫压缩的作用，称为"压缩效应"。

使弧柱产生"压缩效应"有如下三种形式：

①机械压缩效应。如图 10-1a)所示，在钨极（负极）和工件（正极）之间加上一个较高电压，通过激发使气体电离形成电弧。此时，若弧柱通过具有特殊孔形的喷嘴，并同时送入一

定压力的工作气体时,使弧柱强迫通过细孔道。弧柱便受到了机械压缩,弧柱截面积缩小,这就称为机械压缩效应。

②热收缩效应。当电弧通过水冷却的喷嘴,同时又受到外部不断送来的高速冷却气流(如氮气、氩气等)的冷却作用,使弧柱外围受到强烈冷却。其外围电离度大大减弱,电弧电流只能从弧柱中心通过,即导电截面进一步缩小,这时电流密度急剧增加,这种作用称为热收缩效应,如图10-1b)所示。

图10-1　等离子弧的压缩效应
a)机械压缩效应;b)热收缩效应;c)磁收缩效应
1-钨极;2-电弧;3-工件;4-喷嘴;5-冷却水;6-冷却气流

③磁收缩效应。带电粒子在弧柱内的运动,可看成是电流在一束平行的"导线"内移动。由于这些"导线"自身的磁场所产生的电磁力使这些"导线"相互吸引,因此产生磁收缩效应。由于前述两种收缩效应使电弧中心的电流密度已经很高,使得磁收缩效应明显增强。

（3）等离子弧切割的工作气体。离子气有 N_2、$Ar—H_2$、$N_2—H_2$、空气以及氧气等。两种气体混合使用都比单一的气体好,其中尤以 $Ar—H_2$ 及 $N_2—H_2$ 混合气切口质量最好,N_2 价格相对低廉。

进入切割机的压缩空气分为两路:一路为保护气,用来冷却割枪;另一路为工作气,完成对电弧的压缩(图10-2)。

图10-2　等离子弧发生装置原理图
1-钨极;2-过气管;3-出水管;4-进水管;5-喷嘴;6-弧焰;7-工件;8-高频振荡器

(4) 切割电弧的产生。从图 10-3a) 可以看出,有两处有气体流过。进行等离子弧切割时,用压缩空气来进行屏蔽和切割。空气作为屏蔽气体,将割炬喷嘴的外部屏蔽起来,并对该区域进行冷却,使割炬不会过热。空气还用作切割气体。空气在流向喷嘴口的过程中,围绕着电极产生涡流。这种涡流现象有助于对气体的压缩。当设备接通时,在喷嘴和内部电极之间形成一个电维弧(图 10-3b)。切割气体到达这里以后,达到过热状态。

这时,气体的温度很高,产生电离,所以能够传递电流(被电离的气体就是等离子体)。狭小的喷嘴口使膨胀的等离子体加速流向工件,当等离子体离工件足够近时,电弧穿过这一间隙,同时等离子体将电流传递到这里(图 10-3c),这就是切割电弧。

图 10-3　等离子的切割装置

极高的温度和切割电弧的共同作用,在金属上熔化出一条狭窄的通道,使金属扩散到空气中并形成微粒。等离子体的作用力将所有金属微粒吹走,形成一条整齐的切口。

学习任务10 车身钣金件的切割

> **小提示**
> 普通的空气不导电。但当电压很高时,气体分子电离后成为导电体,这时的空气达到过热状态并形成一条通道,使电流能够通过。

2. 等离子弧切割的特点

(1) 温度高,能量集中。中心温度达30000℃,能量密度达10^6W/cm²。

(2) 导电、导热性能好。

(3) 电弧挺直度好、稳定性好。弧柱发散角仅为5°。

(4) 冲击力大。在三种收缩效应作用下,带电粒子以300m/s的速度从喷嘴喷出。

(5) 等离子弧可以切割各种高熔点金属及其他切割方法不能切割的金属,如不锈钢、耐热钢、钛、钼、钨、铸铁、铜、铝及其合金。切割不锈钢、铝等厚度可达20mm。

(6) 可切割各种非金属材料。采用非转移型电弧时,由于工件不接电,所以在这种情况下能切割各种非导电材料,如耐火砖、混凝土、花岗石、碳化硅等。

(7) 切割速度快、生产率高。在目前采用的各种切割方法中,等离子切割的速度比较快,生产率也比较高。例如,切10mm的铝板,速度可达200~300m/h,切12mm厚的不锈钢,割速可达100~130m/h。

(8) 切割质量高。等离子弧切割时,能得到比较狭窄、光洁、整齐、无黏渣、接近于垂直的切口,而且切口的变形和热影响区较小,其硬度变化也不大。

(9) 不足:设备复杂,投资大,空载电压高。

3. 等离子弧的类型

(1) 非转移型(图10-4a)。

(2) 转移型(图10-4b)。

(3) 联合型(图10-4c)。

图10-4 等离子弧的类型
a) 非转移型弧;b) 转移型弧;c) 联合型弧
1—钨极;2—等离子气;3—喷嘴;4—冷却水;5—焊件;6—非转移弧;7—转移弧

4. 空气等离子弧切割工艺

(1) 切割工艺参数的选择。

① 离子气体流量。增大气体流量,可使等离子弧的能量更加集中,从而提高等离子弧的

功率,有利于提高切割速度和切割质量。但若气体流量过大,由于冷却气流把电弧的热量带走过多,切割能力反而下降,切割质量也会变坏,见表10-1。

气体流量对切割质量的影响　　　　　　　　　　　　　　　　　　　　表10-1

切割电流(A)	切割电压(V)	气体流量(L/h)	切口宽度(mm)	切口表面质量
240	84	2050	12.5	渣多
225	88	2200	8.5	有渣
225	88	2600	8.0	轻渣
230	90	2700	6.5	无渣
235	82	3300	10	有渣
230	84	3500		未切透

②切割电流和切割电压。切割电流及电压决定了等离子弧功率及能量的大小。等离子弧功率提高,切割速度及可切割厚度相应增加。但单纯增加切割电流,则弧柱变粗,切口变宽,喷嘴烧损也要加剧。

③切割速度。提高切割速度,切口区受热减少,切口变窄,热影响缩小。但切割速度若过快,不能切透工件;若切割速度过慢,不仅生产效率降低,还造成切口表面粗糙,同时在切口底部形成"熔瘤",给清理造成困难。在保证切透的前提下,应尽可能选用快的切割速度,见表10-2。

切割速度对切割质量的影响　　　　　　　　　　　　　　　　　　　　表10-2

切割电流(A)	切割电压(V)	气体流量(L/h)	切口宽度(mm)	切口表面质量
160	110	60		略有渣
150	115	80	5.0	无渣
160	110	104	4.0~5.0	光洁无渣
160	110	110	3.4~4.0	有渣
160	110	115		切不透

④喷嘴高度。加大喷嘴与工件的距离,等离子弧向空间散失的能量会增加,用于切割工件的有效热量相应减小,使切割生产效率降低,切割质量变坏,喷嘴与工件的距离一般不大于10mm。

⑤空载电压。理论上,有很多参数会影响切割的效果。但在实际生产中采用空气等离子弧切割时,通常仅需注意4个可变的项目:切割电流与电压、切割速度、喷嘴高度与气压。

(2)切割建议。

①常用结构材料用空气等离子弧切割,不考虑用其他气体。

②大厚度板材的批量切割,宜用(数控)自动等离子弧的水下切割(水再压缩等离子弧切割)。对于确定厚度的板材,切割电流越大,则切割速度越快。高切割速度使切口变窄、热影响区减小。应尽可能选择大的切割速度。

③切割大厚度工件时,提高切割电压更为有效。

(3)提高切割质量的途径。

①减小切口宽度,提高平直度。

②切口毛刺的消除。

③避免产生双弧。

④ 大厚度工件的切割。
a. 适当提高切割功率；
b. 适当增大离子气流量；
c. 采用电流递增或分级转弧；
d. 切割前进行预热。

5. 使用空气等离子弧切割机的注意事项

(1) 割炬的角度。在整个切割过程中，割炬应与切口平面保持垂直，不然切口发生偏向，切口不光洁，在切口底面造成熔瘤。为了提高切割速度进而提高生产率，通常可将割炬在切口所在平面内向与切割方向相反的方向倾斜一个角度(0°~45°)，当切割厚板、采用大功率时，后倾角应小些；切割薄板、采用小功率时，后倾角应大一些。当切割厚度在3~6mm材料时，最好使等离子割炬与母材成45°角，直到等离子弧切入金属。这将使火花流能以45°角离开气体喷射器。如果在切割较厚的材料时，等离子割炬与工件保持垂直，火花将被射回到气体喷射器中。这时熔化的金属将集中到气体喷射器上，会堵塞各气孔并极大地缩短气体喷射器寿命。

注意

调整割炬的角度时，应注意火花可射出6m远。要确保附近没有易燃物或旁观者，以免着火或人员受到伤害。

(2) 割炬后的冷却对于延长电极和喷嘴的寿命非常重要。完成一次切割，在开始下一次切割之前，应先关闭割炬开关，让空气连续几秒钟流过割炬，以防止喷嘴和电极过热。一些切割机的供应者还建议在切割后让设备"空载"两三分钟。

(3) 切割6mm以上的材料时，最好从材料的边缘处开始切割。等到工件边缘切穿后再移动割炬。如果被切工件不允许这样做时，可先在被切工件上钻一个直径约为10mm左右的小孔，作为切割的起切点，以避免在等离子弧的强大吹力下熔渣四周飞溅。尤其在严重的飞溅情况下，熔渣堵塞喷嘴，或堆积在喷嘴上与工件形成"双弧"(图10-5)，会使喷嘴烧坏。工件厚度不大时，也可不预先钻孔，切割时将割炬在切缝垂直平面内后倾一个角度，或将割件放在倾斜或垂直的位置，使熔渣容易排开，直至切割时再恢复正常的切割姿势和位置。

图10-5 等离子弧切割时的双弧
1-钨极；2-喷嘴；3-双弧；4-工件

(4) 切割前，应把切割工件表面的起切点清理干净，使之导电良好。对厚度大的工件或表面不清洁的工件最好用小电弧把起切点预热一下，然后再闭合大电流开关，使转弧顺利。

修理锈蚀的部位时，可将新的金属材料放在锈蚀部位的上面，然后切割补上去的金属，同时也将生锈的部分切除掉。在后侧板上进行连接时，也可采用这种方法。

(5)应该知道从切割电弧中喷出的火花会损坏油漆的表面。火花还会在玻璃上留下凹点。可用一个焊接防护套来保护这些表面。

(6)下列这些因素会影响切割的质量:

①各零部件的损坏。喷嘴和电极都将在使用过程中逐渐受到腐蚀,这两者的损坏越严重,切割的质量就越低。

②空气的质量。水分或被油污染的空气也会降低切割的质量。

③切割速度。切割过程开始后,割炬移动的快慢对切割质量有重大的影响。速度过大和过小都得不到质量满意的切口,割炬移动过快,在切口前端有熔融金属上翻的现象,不能切透;移动过慢,除了切口宽而不齐、热影响区加大外,还往往因工件已经切透,把电弧拉得过长而熄灭,使切割过程中断。在保证切透的前提下,割炬移动速度应尽量大一些。此外,由小电弧转为切割电弧时的移动速度尤为重要,因为一方面转弧过程本身对电弧连续燃烧不利;另一方面刚起弧时工件是"冷"的,对维持电弧燃烧也很不利,因此转弧前应利用小电弧在起切点稍稍停顿一下,待电弧已经稳定燃烧并开始切透时立即向前移动。

6. 大厚度工件切割的特点

(1)大厚度工件的散热能力强,热量耗损增加,所以要求等离子弧有较大的功率,所用喷嘴孔径和钨极直径均应相应增大。

(2)等离子弧应具有较大的吹力,弧柱应拉得较长。其主要方法是调节气体流量,使等离子弧白亮的部分长而挺直有力。

(3)切割厚的工件时,电弧的不稳定性增加,因此必须采用较大的气体流量和空载电压较大的电源。专用等离子弧切割电源的空载电压达400V,可满足切割厚工件的要求。当使用较长电缆时,为减小线损电压,建议选用更大的电缆;如果连接电缆过长,可能会对切割机的起弧性能以及系统其他性能产生较大的影响,如高频起弧性能减弱或系统不能正常工作。所以建议使用切割机供应商推荐的配置长度。

(4)切割厚工件时,等离子弧的功率较大,由小弧转为切割弧时,电流突变,往往会引起电弧中断和喷嘴烧坏的现象。对此,可采取分级转弧的办法,在切割回路中串入限流电阻(约0.4Ω),降低转弧时的电流值,然后再把电阻短路掉,使等离子弧转入正常切割规范。

7. 工艺参数举例

几种常用材料等离子弧切割时的工艺参数分别见表10-3~表10-5。

不锈钢等离子切割工艺参数　　　　表10-3

厚度(mm)	喷嘴孔径(mm)	空载电压(V)	工作电流(A)	工作电压(V)	气体流量(L/h)	切割速度(m/h)
8	3	160	185	120	2100~2300	45~50
12	3	160	200	110~120	2300~2400	40
16	3	160	220	120	2100~2400	40
20	3	160	220	120~125	1900~2200	32~40
25	3	220	280	125~135	2700	45~55
30	3	230	280	135~140	2700	35~40
40	3.5	240	340	140~145	2700	28~35
45	3.5	240	340	145	2500	20~25

铝及合金等离子弧切割工艺参数　　　　表10-4

厚度(mm)	喷嘴孔径(mm)	空载电压(V)	工作电流(A)	工作电压(V)	气体流量(L/h)	切割速度(m/h)
12	2.8	215	250	125	4400	>84
21	3.0	230	300	130	4400	75~80
25	3.0	230	300	130	4400	70
34	3.2	240	350	140	4400	35
80	3.5	245	350	150	4400	10

纯铜等离子弧切割工艺参数　　　　表10-5

厚度(mm)	喷嘴孔径(mm)	空载电压(V)	工作电流(A)	工作电压(V)	气体流量(L/h)	切割速度(m/h)
18	3.2	180	340	84	1660	30
38	3.2	170	330	90	2000	8
18	3.2	256	330	96	1570	30
32	3.2	252	304	100	1570	13.6
38	3.2	252	304	106	1570	11.3

二、任务实施

(一) 空气等离子弧切割

1. 施工程序

在任务实施过程中,首先要正确掌握空气等离子弧切割的施工程序,如图 10-6 所示。

图 10-6 空气等离子弧切割的施工程序

2. 切割前的准备

(1) 操作安全防护与环境条件。等离子弧切割过程中会产生噪声、烟尘、弧光及金属蒸气等公害,对环境造成严重的污染,在大电流切割或切割有色金属时情况尤为严重。

①等离子弧焊接和切割用电源的空载电压较高,有电击的危险。电源在使用时必须可靠接地,焊枪枪体或割枪枪体与手触摸部分必须可靠绝缘。为了防止触电和保护皮肤的裸露部位,应戴皮手套,穿绝缘安全靴。

②等离子弧较其他电弧的光辐射强度更大,应准备好带遮光滤光片的保护面具。尤其是紫外线强度,除罩黑色目镜外,最好加上吸收紫外线的专门镜片。

③等离子弧焊接和切割过程伴随有大量气化的金属蒸气、臭氧、氮化物等有毒气体,应有良好的抽风系统或通风设备,采取换气措施。

④等离子弧会产生高强度、高频率噪声,尤其采用大功率等离子弧切割时,其噪声更大。

⑤等离子弧焊接和切割都采用高频振荡器引弧,应注意高频电磁场的生理伤害。

⑥心脏存在问题者不宜操作。

(2) 施工设备。等离子弧切割是利用等离子弧热能实现金属熔化的切割方法。根据切割气流种类不同,分为氮等离子弧切割、空气等离子弧切割和氧等离子弧切割等。空气等离子弧切割设备由电源、控制系统、割炬(枪)、供气和供水系统等组成(图 10-7)。

①电源。等离子弧切割采用具有陡降或恒流外特性的直流电源。电源空载电压一般为切割时电弧电压的两倍,常用切割电源空载电压为 150~400V。空气等离子弧切割一般要配用大于 1.5kW 的空气压缩机(流量应不小于 300L/min,压力不小于 0.8MPa)。

②割枪。一般 60A 以下割枪多采用风冷结构,60A 以上割枪多采用水冷结构。

割枪中的电极可采用纯钨、钍钨、铈钨棒,也可采用镶嵌式电极。空气等离子弧切割时,采用镶嵌式锆或铪电极(图10-8)。

图10-7　等离子弧切割的组成　　　　　图10-8　割枪

(3)操作准备。

①熟悉空气等离子弧切割机前后面板的结构特征(图10-9),检查外接电源准确无误。将切割机后面板的电源输入线接入频率为50Hz(或60Hz)的三相交流电源(图10-10)。

图10-9　切割机正面图
1-割枪开关;2-报警灯;3-电流调节旋钮;4-电源指示灯;5-保持开关;6-电源开关;7-掀盖;8-底座

②将地线夹(图10-11)连接到切割工件清洁表面上夹好并检查,连接处应尽量靠近切割部位。将割炬连接到切割机上。

③接通气源,将压缩空气气管一端接到切割机后面板"气体入口"处,并用卡箍拧紧,另一端和清洁、干燥的压缩空气气源连接好(图10-12),并排放积水。

④检查电源开关,应在断开位置。

⑤闭合电网供电总开关,此时风扇开始工作,注意检查风向,风应该朝里吹,否则因主变压器得不到通风冷却,会缩短工作时间。

⑥启动空气压缩机,待压力足够后,调节切割机后面的空气过滤减压阀手柄至所需气压。气压和切割电流的配比关系及电流参考材料厚度的选择,见表10-6和表10-7。将电源开关扳到"通"位,电源指示灯亮。此时应有压缩空气从割炬中流出。注意过滤减压阀压力

179

表指针是否在0.2~0.4MPa位置,压力指示灯亮,表明气压正常。若压力不符,注意切割气压的调整:压力太低,将无力吹走熔化金属、影响切割厚度;压力太高,又会使割口温度下降太多,影响割缝金属的熔化性和流动性。应在气体流动的情况下,调节过滤减压阀压力表上部旋钮,顺时针转动为增加压力,反之则降低。

图10-10 电源输入线的安装

图10-11 地线夹

图10-12 压缩空气气管的安装

气压和切割电流的配比关系　　　　　　　　　　　　表10-6

电流(A)	30~35	35~40	40~50	50~60
气压(MPa)	0.2	0.3	0.4	0.5

空气等离子弧切割常用材料厚度参考值(单位:mm)　　　表10-7

电流(A)	不锈钢与低碳钢	铝及铝合金	黄铜
30	5	3	3
40	6	4	3
45	10	6	4
60	15	10	6
100	20	16	8

⑦让气体流通数分钟,以除去焊炬中的冷凝水汽。

 警告

为防止发生电击及眼和皮肤受伤,请遵守劳动安全卫生规则,戴上必要的防护用具!
①操作过程请严格按有关劳动安全操作规程进行!
②切割过程中,身体裸露部分严禁与工件接触,以免发生电击和烫伤!
③更换电极和喷嘴,务必在电源断电后进行!
④切忌使火花飞溅到可燃物上而引发火灾,或从切割机通风口进入切割机内部!
⑤电气连接操作必须在关闭配电盘开关后进行!

3. 空气等离子弧切割施工

(1)接通控制电源开关后,按动割炬开关,气阀首先导通,压缩空气通过空气过滤减压阀和气阀后,从割炬的喷嘴流出,使等离子割炬喷嘴与工件表面垂直。约0.5s后,交流接触器吸合,割炬的电极(负极)和工件(正极)之间就建立了适合于等离子弧切割的直流电源。接触式割炬与工件接触即可切割。

(2)将手把按钮按下并保持主电路接通,同时高频引弧器开始工作,产生引弧所需的高频高压,引弧时间约0.5~1s左右,直至切割电弧形成,高频振荡器即停止工作。当等离子弧被触发后,不需要再使切割喷嘴与工件保持接触。不过,两者保持接触会使切割更容易进行。当切割喷嘴与工件保持接触时,施加在等离子割炬上的向下的力(如果有)非常小。只需要将它轻轻地拉到工件表面上,此后可依靠割炬的移动来进行切割,同时切割指示灯亮。

(3)等离子弧引弧成功,切割机将很容易切入涂有油漆的表面。割炬喷嘴中喷出高温高速的等离子弧束,将工件局部迅速熔化,并同时用高速气流将熔化的金属吹走,而形成狭窄切口。切割可以从工件边缘开始,板材厚度不大时,也可在工件任何一点开始切割。割炬可垂直于工件或向一侧略为倾斜,但在工件中间开口时,割炬应略向一侧倾斜,以便吹除熔化金属,割穿金属。

(4)切割时,必须割穿金属后方能均匀移动,移动速度由金属材料的厚度决定。切割过程中,切割移动速度保证割穿工件就行。材料越厚,运行速度应越低。对于较薄的材料,应加快运行速度,过快或过慢将影响切割质量。
①速度过快不但割不透工件,反而会引起切口挂渣烧坏喷嘴。
②过慢则会导致喷嘴升温过高,降低喷嘴使用寿命,且割缝变宽,余渣增多,并可能会造成断弧。

(5)切割过程中,因割炬离开工件超过2mm而熄弧,则需重新起弧。因连接工作时间太长造成主变压器温度超过110℃时,热控保护开关会将设备自动关闭。应待变压器冷却后重新启动。

(6)进行长距离直线切割时,使用一个金属靠尺会更加方便。只需将靠尺夹到工件上需要切割的地方。对于形状复杂的切割,可用薄木板做一个样板,让喷嘴沿着样板进行切割。

(7)未进行切割工件时,尽量少按动割炬按钮,以免损坏机件。

(8)提起割炬离开工件前,记住先释放割炬开关,此时等离子弧熄灭,切割过程停止。

(9)切割工件全结束后,压缩空气延迟一段时间后自动停止,切断电源开关和气源阀。

(10)经常排除过滤减压阀中积水。若压缩空气中含水量过多,应考虑过滤减压阀与气源间再外加一只过滤阀,否则将影响切割质量。

(二)氧—乙炔焰手工切割(气割)

1. 施工程序

在任务实施过程中,首先要正确叙述氧—乙炔焰手工切割的施工程序,如图10-13所示。

图10-13 氧—乙炔焰手工切割的施工程序

2. 手工气割前的准备

(1)工作场地、设备及工具检查。气割前要认真检查工作场地是否符合安全生产和气割工艺的要求,将割件切口下面垫空,便于气割时散发热量和排除熔渣;检查整个气割系统的设备和工具是否正常,检查乙炔瓶,回火防止器工作状态是否正常;将气割设备按操作规程连接好;使用射吸式割炬(图10-14)时,应将乙炔胶管拔下,检查割炬是否有射吸力,若无射吸力,不得使用;将气割设备连接好,开启乙炔瓶阀和氧气瓶阀,调节减压器,将乙炔和氧气压力调至需要的压力。

图10-14 割炬

(2)工件的准备及其放置。清除气割工件割缝表面的油漆、氧化铁皮和污垢;工件应垫平,垫高,距离地面一定高度,有利于熔渣吹除;工件下的地面应为非水泥地面,否则应在水泥地面上遮盖石棉板等,以防水泥爆溅伤人、烧毁地面。

(3)确定气割工艺参数。根据气割工艺图、部件工作图进行放样。根据工件的厚度正确选择气割工艺参数,割炬和割嘴规格,准备好后,开始点火并调整好火焰性质(中性焰)及火焰长度,然后试开切割氧调节阀,观察切割氧气流(风线)的形状,切割氧气流应是挺直而清晰的圆柱体,并要有适当的长度(长度一般应超过切割板厚 δ 的三分之一,如图10-15所示),这样才能使切口表面光滑干净,宽窄一致。如风线形状不规则,应关闭所有的阀门,用通针修理割嘴内表面,使之光洁。

图10-15 风线长度的检查

气割工艺参数主要包括切割氧压力、切割速度、割嘴与割件间的倾斜角度以及割嘴离割件表面的距离等因素。

①切割氧压力。气割时,氧气的压力与割件的厚度、割嘴号码以及氧气纯度等因素有关。割件越厚,要求氧气的压力越大;割件较薄时,则要求氧气的压力较低。但氧气的压力有一定的范围。如果氧气压力过低,会使气割过程氧化反应减慢,同时在割缝背面形成黏渣,甚至不能将割件的全部厚度割穿;相反,氧气压力过大,不仅造成浪费,而且对割件产生强烈的冷却作用,使割缝表面粗糙,割缝加大,切割速度反而减慢。

随着割件厚度的增加,选择的割嘴号码应增大,使用的氧气压力也相应的要加大。切割时,根据割件厚度来选择割嘴号码以及氧气压力,厚度2mm以下钢板采用1号割嘴,氧气压力≤0.2MPa,乙炔压力0.001~0.1MPa。

②切割速度。切割速度与割件厚度和使用的割嘴形状有关。割件越厚,切割速度越慢;反之割件越薄,则切割速度越快。切割速度太慢,会使割缝边缘熔化;速度过快,会产生很大的后拖量或割不穿。切割速度合适与否,主要根据割缝后拖量来判断。所谓后拖量就是在氧气切割过程中,割件的下层金属比上层金属燃烧迟缓的距离。

气割时,后拖量的现象是不可避免的,在气割厚板时更为明显,因此,气割速度选择,应该以使割缝产生的后拖量较小为原则。

③割嘴与割件的倾斜角。割嘴与割件的倾斜角,直接影响气割速度和后拖量。割嘴与割件间的倾斜角,可分为前倾和后倾两种。倾斜角的大小,主要根据割件厚度而定。

④割嘴离割件表面的距离。根据预热火焰的长度及割件的厚度而定,一般为3~5mm,这样的距离加热条件好,同时割缝渗碳的可能性最小。

当气割约20mm的中厚钢板时,火焰要长些,割嘴离割件表面的距离可增大。在气割20mm以上厚钢板时,由于切割速度慢,为了防止割缝上缘熔化,所需的预热火焰应短些,割嘴离割件的距离可适当减小。这样有利于保持切割氧的纯度,也提高了气割质量。

3. 操作姿势

气割时,先点燃割炬,调整好预热火焰,然后进行气割。气割操作姿势因个人习惯而不同。

(1)操作时,双脚里八字形蹲在工件一侧,右臂靠住右膝,左臂空在两脚之间,以便在切割时移动方便,右手把住割炬手把,并以大拇指和食指把住预热氧气调节阀,以便于调整预热火焰和当回火时及时切断预热氧气。

(2)左手扶在割枪的高压管子上,大拇指和食指控制高压氧气阀门,同时起掌握方向的作用,其余三指平稳地拖住混合气管。

(3)上身不要弯得太低,呼吸要有节奏,眼睛应注视割件和割嘴,并着重注视前面割线。一般从右向左切割。

(4)整个气割过程中,割炬运行要均匀,割炬与工件间的距离保持不变。每割一段移动身体时要暂时关闭切割氧调节阀。

4. 手工气割施工

(1)点火。点燃火焰时,应先稍许开启氧气调节阀,再开乙炔调节阀,两种气体在割炬内混合后,从割嘴喷出,此时将割嘴靠近火源即可点燃。点燃时,拿火源的手不要对准割嘴,也不要将割嘴指向他人或可燃物,以防发生事故。刚开始点火时,可能出现连续的放炮声,原因是乙炔不纯,应放出不纯的乙炔,重新点火。如果氧气开得太大,会导致点不着火的现象,这时可将氧气阀关小即可。火焰点燃后,调节火焰性质和预热火焰能率,与气割的要求相一致。

(2)起割。开始气割时,首先用预热火焰在工件边缘预热,待呈亮红色时(即达到燃烧温度),慢慢开启切割氧气调节阀(图10-16)。若看到铁水被氧气流吹掉时,再加大切割氧气流,待听到工件下面发出"噗,噗"的声音时,则说明已被割透。这时应按工件的厚度,灵活掌握气割速度,沿着割线向前切割。

图10-16 厚板(50mm以上)的起割过程图
a)开始预热(割嘴置于割件边缘,沿切割方向倾斜10°~20°,割件边缘加热到红色时,割嘴转为垂直于割件表面继续加热);b)起割前准备;c)起割开始

(3)气割参数调整与气割过程。

①割嘴与割件表面的距离根据火焰焰心长度来确定,一般气割时焰心尖端到割件表面的距离为3~5mm。割嘴与割件的距离,在整个气割过程中保持均匀。

②割嘴倾角的调整。手工气割时,厚度>10mm的钢板,割嘴垂直于工件表面;厚度

＜10mm的钢板,割嘴沿切割反方向倾斜20°～30°;割曲线零件时,割嘴必须垂直于钢板表面,以提高气割速度。

③气割质量与气割速度有很大关系。气割速度是否正常,可以从熔渣的流动方向来判断,熔渣的流动方向基本上与割件表面垂直。当切割速度过快时,熔渣将以一定角度流出,产生较大后拖量。

④氧气压力的调节。一般割件越厚,氧气压力越高;割件较薄,氧气压力应低些,但氧气压力不能过高或过低,过低不能将割件割透,过高加大割缝宽度等。

⑤当气割较长的直线或曲线割缝时,一般切割300～500mm后需移动操作位置。此时应先关闭切割氧调节阀,将割炬火焰离开割件后再移动身体位置。继续气割时,割嘴一定要对准割缝的切割处,并预热到燃点,再缓慢开启切割氧。切割薄板时,可先开启切割氧,然后将割炬的火焰对准切割处继续气割。

(4)停割。气割要结束时,割嘴应向气割方向后倾一定角度,使钢板下部提前割开,并注意余料的下落位置,这样,可使收尾的割缝平整。气割结束后,应迅速关闭切割氧调节阀,并将割炬抬高,再关闭乙炔调节阀,最后关闭预热氧调节阀。

(5)回火处理。在气割时,若发现鸣爆及回火时,应迅速关闭乙炔调节阀和切割氧调节阀,以防氧气倒流入乙炔管内并使回火熄灭。

三、评价反馈

1. 自我评价

(1) 通过本学习任务的学习,你是否已经知道以下问题。

① 空气等离子弧切割的施工程序。_____
_____
_____。

② 空气等离子弧切割工艺参数的选择。_____
_____
_____。

③ 空气等离子弧切割机的注意事项。_____
_____
_____。

(2) 在空气等离子弧切割的施工过程中用到了哪些设备?你是否已经知道了这些设备的正确操作技能?

评价:_____
_____
_____。

(3) 实训过程完成情况。

评价:_____
_____
_____。

(4) 工作着装是否规范?

评价:_____
_____
_____。

(5) 能否积极主动参与工作现场的清洁和整理工作?

评价:_____
_____
_____。

(6) 在完成本学习任务的过程中,你是否主动帮助过其他同学?并和其他同学探讨空气等离子弧切割的有关问题?具体问题是什么?结果是什么?

评价:_____
_____
_____。

(7) 通过本学习任务的学习,你认为哪些方面还有待进一步改进?

评价：_____
_____。

签名：_____　　　____年____月____日

2. 小组评价

小组评价见表10-8。

小 组 评 价

表10-8

序号	评价项目	评价情况
1	学习态度是否积极主动	
2	是否服从教学安排	
3	是否达到全勤	
4	着装是否符合要求	
5	是否合理规范地使用仪器和设备	
6	是否按照安全和规范的规程操作	
7	是否遵守学习、实训场地的规章制度	
8	是否积极主动地和他人合作、探讨问题	
9	是否能保持学习、实训场地整洁	
10	团结协作情况	

参与评价的同学签名：_____　　　____年____月____日

3. 教师评价

_____
_____。

教师签名：_____　　　____年____月____日

参考文献

[1] 雷世明. 焊接方法与设备[M]. 北京:机械工业出版社,2007.
[2] 邱葭菲. 焊接方法与设备[M]. 北京:化学工业出版社,2008.
[3] 中国机械工程学会焊接学会. 焊接手册第一卷:焊接方法与设备[M]. 2版. 北京:机械工业出版社,2001.
[4] 中国机械工程学会焊接学会. 焊接手册第三卷:材料的焊接[M]. 2版. 北京:机械工业出版社,2001.
[5] 张子荣. 焊接材料简明选用手册[M]. 北京:机械工业出版社,1999.
[6] 赵熹华. 焊接方法与机电一体化[M]. 北京:机械工业出版社,2001.
[7] 王新民. 焊接技能实训[M]. 北京:机械工业出版社,2004.
[8] 陈祝年. 焊接工程师手册[M]. 北京:机械工业出版社,2002.
[9] 周振丰. 焊接冶金学——金属焊接性[M]. 北京:机械工业出版社,2002.
[10] 张连生. 金属材料焊接[M]. 北京:机械工业出版社,2004.